KB193555

이어령,

스피치
스피치

이어령,
SPEECH
SPEECH

스피치
스피치

열림원

이어령 지음

일러두기

- 이 책은 2009년부터 2010년까지 진행한 이어령 선생의 강의 가운데 책으로 엮이지 않았던 강의록 9편을 선별해 정리했다.

- 본문에 실린 글의 맞춤법이 현재와 다른 경우, 국립국어원의 한글 맞춤법 규정에 따르되 작가의 말투와 표현은 비문이어도 되도록 입맛을 살렸다.

- 장편소설, 소설집 등 단행본 제목은 겹낫표(『 』), 중단편 소설과 논문 제목, 기타 편명은 홑낫표(「 」), 발간지와 신문 은 겹화살괄호(《 》), 전집, 시리즈, 영화, 프로그램 이름 등은 홑화살괄호(〈 〉)로 문장부호를 통일했다.

"창조적 상상력, 위기를 넘어
새 문명의 판을 짜는 비전이 될 수 있습니다."

차례

경제는 자유를 추구하기 때문에 탈락자가 생깁니다.
반대로 민주주의는

모든 사람이 평등하게 상생해야 하는 원리이므로
경제 원리와 정치 원리는 늘 대립합니다.

산업화와 민주화로
어떻게 21세기를 살아갈 수 있겠습니까?

그에 대한 해답이 바로 '생명화'입니다.

살아 있다고 외치는 산업이 미래를 엽니다.

1

살아 있음의
자본주의

－순환하는
생명자본주의 패러다임

산업화와 민주화

지금 우리가 어디에서 왔고, 어디에 서 있으며 어디로 가고 있는지 지난 시간을 한번 돌이켜 봅시다. 일제강점기 이후 해방이 되고 오늘에 이르기까지 역정歷程을 돌아보는 시간입니다.

해방 이후 한국의 키워드는 산업화, 즉 어떻게 하면 굶주림에서 벗어나느냐였습니다. 산업화 기술이 고도로 성장했던 한국의 근대화 과정을 살펴봅시다. 한국인은 다른 나라들이 200년 만에 해낸 일들을 20, 30년 만에 이룬 민족입니다. 전 세계 다른 어떤 나라도 달성 못 한 성과죠. 당시 산업화가 가져온 역사의 반작용이 바로 민주화였습니다. 피 흘리는 투쟁을 통해 민주주의 국가로서 발돋움에 성공한 결과, 정권이 교체되고 새로운 계층이 출현하는 상상치 못한 일들이 벌어졌습니다.

생명자본주의의 도래

그런데 산업화와 민주화로는 더 이상 앞으로 나아갈 수 없습니다. 로마제국을 예로 들면, 로마는 포에니punica전쟁을 중심으로 쇠퇴했습니다. 전쟁 이전 로마의 강점은 각 가정에서 이루어지는 농업이었습니다. 작은 규모로 소수 인원이 농사를 지어 생활하고 남은 잉여생산물이 로마라는 도시를 건설했죠. 그런데 포에니전쟁에서 승리한 로마는 대규모 경제적 자원을 동원해 농토와 경작지를 극대화하고 자본화시켰습니다. 토지 자본화는 로마 한복판에서부터 토지의 산성화를 일으켰고 결국 농경지로서의 가치를 상실시켜버렸습니다. 더이상 농업 생산이 이뤄지지 않자, 엄청난 군대를 이끌고 무수한 로마 가도를 가로질러 전 유럽을 장악했던 로마는 서서히 붕괴했습니다. 여기서 로마제국 이야기를 열거하는 까닭은 역사가 아무리 융성해도 문명이 탄생, 성장, 쇠망하는 큰 변화의 물결은 누구도 막을 수 없다는 사실 때문입니다.

산업화, 민주화로는 더 이상 살아갈 수 없는 새로운 도전의 날들이 기다리고 있습니다. 21세기 미디어와 환경, 기술 변화로 인해 자본주의와 자유시장의 형식, 정치적 평등의 형식은 세계 각국 어디를 봐도 안정된 곳을 찾아보기 힘들어요. 제가 생명자본주의라는 낯선 단어를 꺼내는 것은 모험에 가까운 일이지만, 동시에 실감할 수 있는 일입니다. 지금까지의 산업자본주의, 금융자본주의라는 자본주의 틀을 깨자는 게 아닙니다. 자본주의 패러다임을 바꾸지 않고서는 더 이상 우리가 설 자리가 없다는 뜻입니다.

사회자본Social Capital과 폴 호켄Paul Hawken의 자연자본주의, 빌 게이츠의 창조자본주의Creative Capitalism 등을 외면하자 곧 리먼 브라더스Lehman Brothers Holdings Inc.의 금융 위기가 몰아쳤지요. 'PIGS'를 읽어보세요. 포르투갈Portugal, 아일랜드Ireland, 그리스Greece, 스페인Spain. 이 나라들이 전부 국가부도 사태를 겪었고 순서 또한 위와 같이 진행됐습니다. 놀라운 것은 이

'돼지'들이 바로 우리들이라는 사실입니다. 한국도 예외가 아닙니다. 남의 이야기가 아닌 시간문제입니다.

생명 추구 원리

무엇이 산업주의를 만들었습니까? 자유 시장경제 원리입니다. 민주주의는? 평등이라는 정치 원리죠. 그럼 '자유 경제 원리'와 '정치 평등 원리'가 공생해야 하는데, 출발부터 틀렸습니다. 경제는 자유를 추구하기 때문에 탈락자가 생깁니다. 반대로 민주주의는 모든 사람이 평등하게 상생해야 하는 원리이므로 현재 경제 원리와 정치 원리는 늘 대립합니다. 이런 모순과 갈등에서 비롯된 모든 부조리를 뛰어넘기 위해서는 문화 원리라는 새로운 원동력이 필요합니다. 세상은 너무도 빨리 바뀌어가는데 우리는 산업화와 민주화로 어떻게 21세기를 살아갈 수 있겠습니까? 미래를 위한 키워드를 빨리 찾아야 합니다. 그에 대한 해답이 바로 '생명화'입니다. '박지성 자본'이 무엇입니까? 은행에 돈 맡기는 건가요? 박지성이 정치가인가요? 박지성이 공장을 가졌습니까? 순전히 신체적인 자본을 토대로, 생명자본을 이용해 어떤 기업주보다도 전 국민의 존경을 받지 않습니까. 김연아나 보아 모두 1인 기업입니다. 감동과 생명감으로 "그래, 내가 살아 있어. 내가 대한민국 사람이야"라고 외치는 그 순간, 산업화와 민주화를 뛰어넘은 생명화를 통해 한 사람, 한 사람의 생명이 즐거움과 감동에 휩싸입니다.

예전에는 세끼니 밥만 때우면 됐습니다. 감자 먹고 물 마시고, 영양 섭취가 아니라 배만 불리는 거였죠. 대한민국 역사에서 이렇게 비극적이었던 식품 문화가 지금은 생명이 가장 즐거움을 느끼는 산업으로 발전했습니다. 제 친구가 '푸드스타일학과' 교수라고 합니다. 음식을 그냥 놓아두면 안 팔립니다. 보기 좋게 만들어야 잘 팔리고 인기가 좋아지죠. 그저 배부른 게 아니라 즐겁고 행복하고, 살아 있다고 외치는 산업이 미래를 엽니다. 지금 전 세계적으로 생명 산업으로 옮겨 가는 몇 가지 트렌드를 알려드리기 위해 간단한 이야기를 하나 꺼내겠습니다.

나무꾼의 사용가치와 교환가치

「금도끼 은도끼」이야기를 생각해보면, 나무꾼의 도끼가 연못 속에 떨어지지요. 신선이 금도끼, 은도끼 내놓고 네 것이냐 물어도 "아니다. 내 건 쇠도끼다." 하니까 산신령이 금은 다 가지라고 합니다. 이게 무슨 얘기죠? 나무꾼이 정직한 게 아닙니다. 나무꾼은 금은 주면 굶어 죽습니다. 금은으로는 나무를 못 베니까요. 이게 사용가치입니다. 도시인에게나 금은에 대한 교환가치가 기능합니다. 그런 면에서 「금도끼 은도끼」이야기는 교환가치에 의존한 요즘 이야기입니다. 나무만 베서 자급자족하는 산골 나무꾼이 왜 금도끼를 달라고 하겠습니까. 나무꾼은 교환가치보다 사용가치, 즉 쓸모 있는 것을 주십시오, 하는 겁니다. 애덤 스미스가 뭐라고 했습니까? 쓸모도 없고 생명에 아무런 지장을 주지 않지만, 다이아몬드가 없다면 시장 원리는 죽습니다. 시장 원리는 교환가치로 따져지죠. 시장은 벌써 생명으로부터 너무 멀리 떨어져 있습니다.

신선이 선사한 금은은 결국 나무꾼을 망친 겁니다. 금은을 화폐로 바꾸면 부자가 된다는 교환가치를 알게 된 거죠. 그

때부터 나무꾼은 이미 장사꾼이 된 거예요. 금은이 없을 때
는 자급자족했지만, 갖게 된 이상 시장으로 가져가 금은을
팔고 그 잉여로 무언가를 했을 겁니다. 즉 금도끼 은도끼 이
야기는 '나무하다 말고 도시로 간 나무꾼 이야기'입니다. 나
무꾼 자체가 자연을 파괴하고 있었겠죠. 근대 공업의 산물인
쇠를 도끼로 만들어 나무꾼에게 팔았기 때문에, 나무꾼의 사
용가치 자체가 나무를 살리는 일이 아니고 나무를 베는 것이
니까 죽이는 산업입니다. 그리고 오늘날 죽임의 경제학에서
살림의 경제학으로 교체하는 게 생명 경제입니다.

살리는 기술

수백 조 가치인 숲, 바람, 물, 태양, 생명을 자본주의가 갉아
먹으면 생산성이 높아졌다고 하죠. 오염된 공기나 숲을 회복
하면 뭐가 생산성이 높아진다고 하겠습니까? 이 패러다임을
바꿔야만 합니다. 인간을 죽이는 가장 무서운 기술이 '화생
방' 즉 '화'학 독가스, 미'생'물 바이러스, '방'사능입니다. 산
업기술은 전시 상황에서 인간을 죽이는 기술이 되지요. 통조

림도 나폴레옹이 전쟁할 때 먹으려고 만들었습니다. 인터넷을 제일 먼저 쓰기 시작한 것도 미국 육군이었어요. 포탄 쐈을 때 컴퓨터로 포물선과 탄도를 계산하려고요. 지금껏 모든 기술은 죽이는 기술이었으니, 앞으로는 살리는 기술을 써야 합니다. 새로운 생명 과학기술은 인간을 살리는 기술입니다. 우리는 지금 미생물을 죽이려고 하지만 선조들은 미생물을 살려 발효식품을 만들었습니다. 이 세상에 집집마다 장독대 있는 나라 없습니다. 한국은 집이 아무리 쓰러져가도 반드시 장독대는 있었죠. 장이란 장은 다 거기서 만들었고 곧 각자의 집에 바이오 공장을 세운 셈입니다.

순환하는 생명의 힘

GDP는 완전히 산업자본 계산법입니다. GDP가 아무리 늘어도 사람들이 행복하지 않은 이유가 여기에 있죠. 생명자본, GPIGlobal Peace Index를 기준으로 계산해야 합니다. 행복지수가 즉 생명자본입니다. 금융자본주의처럼 돈이 돈을 낳는 이자가 아닌, 정말 살아 있는 기쁨 속에서 생식하는 것이니까 순환경제죠. 지속 가능한 게 아닙니다. '지속 가능'은 언젠가 끝납니다. 지속 가능이 아닌 순환 가능한 경제 체제인 순환경제로 교체돼야만 모든 것들이 번창합니다. 영국은 대규모 농업지의 40퍼센트가 다시 유기농으로 돌아가고 있습니다. 주머니 경제가 끝났음에도 비행기로 농약을 뿌리는 미국에서도 2퍼센트씩 작은 농장들이 만들어지고 있습니다. 건물 옥상 정원에 채소를 심는 소위 도시 농원이 수십 퍼센트씩 늘고 있죠. 전 세계가 그렇습니다.

피겨스케이팅의 기술이 생체기술입니다. 몸 하나가 움직이는데 전 세계를 들었다 놨다 하죠. 그 생명의 끌어당기는 힘이 자본이 됩니다. 녹색성장은 기술이지, 자본이 아닙니다. 우리는 녹색성장 기술이 아닌 생명자본주의를 해야 합니다. 생명이야말로 밑천 산업이고 정치요, 경제를 움직이는 지상 최고의 가치라는 것을 우리가 확실히 깨닫는다면 한국은 틀림없이 새롭게 깨어날 것입니다.

양자 병존의 창조적 상상력은

시적인 메타포에서만 머무르는 것이 아니라

산업 분야, 경제 분야 그리고 정치 행정 사회 분야
전반에서 일어나게 됩니다.

산업이나 과학기술과 대립적인 관계에 있던
문화 예술이 한 몸이 되는

놀라운 클라미도모나스의 통섭 효과를
창출하게 되는 거죠.

2

상상력, 시대의 끝에서
새 문명을 향해

■ 중앙공무원 교육 강연

위기가 생존의 지혜를 낳는다

산불이 나면 약육강식으로 유지되던 정글의 법칙이 깨진
다고 합니다. 큰 동물이든 작은 동물이든 평소에 쫓고 쫓기
던 동물들이 모두 살길을 찾아 한마음으로 한 방향을 향해
뛴다고 합니다. 산불의 위기가 역설적으로 한 방향의 길을
찾아주는 순간적인 평화를 가져오는 것이지요. 생물학자들
은 또 이런 말도 합니다. 발생생물학이나 유전학의 모델 생
물로 곧잘 이용되는 단세포 편모충인 클라미도모나스는 암
수의 구별이 없이 세포분열로 번식합니다. 한 몸이 두 몸으

로 갈라지면서 번식을 한다는 말인데, 가령 질소 같은 것이 부족해진다든가 환경이 변하면 둘로 갈라졌던 생체가 다시 하나의 몸뚱이로 합쳐서 위기 상황에 대처한다고 합니다. 정글의 동물들도, 단세포생물인 클라미도모나스도 위기 상황에서는 서로 결합하여 생존의 지혜를 발휘한다는 이야기이지요.

지금 제가 간단히 두 가지 예를 들었습니다만, 사람의 경우는 더 말할 것이 없습니다. 우리는 역사 속에서 그와 똑같은 경우를 무수히 발견해왔습니다. 분열하여 서로 싸우다가도 위기에 처하면 서로 손을 잡고 난국을 헤쳐 나가는 모습을 보아왔지요. 우리가 지금 위기 상황을 극복하는 길은 백 가지 이론과 천 가지 지식보다도 바로 이 정글의 법칙을 깨뜨리는 산불 원리, 분열한 것들이 하나로 결합하는 클라미도모나스의 생식 법칙이라고 할 수 있습니다. 우리는 수많은 국난 속에서 살아왔습니다. 근대 이전 우리는 평균 3년에 한 번꼴로 난을 겪어온 민족입니다. 그때마다 슬기롭게 힘을 합쳐 난을 이겨냈기에 오늘의 우리가 있는 것입니다.

이사벨라 버드 비숍이 발견한 한국인의 가능성

하지만 때로 위기 앞에서도 관과 민, 중앙과 지방 그리고 분파에 따라 서로 증오하고 갈등하고 자중지란의 분열로 나라를 잃어 국민은 난민이 되기도 했지요. 구한말 한국을 찾아와 『조선과 그 이웃 나라들korea and her neighbours』이라는 견문록을 남긴 이사벨라 버드 비숍Isabella Bird Bishop은 "한국에 있을 때 나는 한국인들을 세계에서 제일 열등한 민족이 아닌가, 의심한 적이 있고 그들의 상황을 가망 없는 것으로 여겼다"라고 적고 있습니다. 그러나 비숍 여사는 러시아의 연해주로 이주한 조선 사람들을 보고는 그런 견해가 잘못된 것임을 깨닫고 그 이유를 이렇게 밝히고 있습니다.

"같은 한국인들인데도 정부의 간섭을 떠나 자치적으로 마을을 운영해가는 그곳 이주민들은 깨끗하고 활기 있고 한결같이 부유한 생활을 하고 있었다. 고국의 남성들이 지니고 있는 그 특유의 풀 죽은 모습도 찾아볼 수 없었다. 의심과 게으름과 쓸데없는 자부심, 그리고 자기보다 나은 사람에 대한 노예근성은 주체성과 독립심으로 바뀌어 있었고, 아주 당당하고 터프한 남자로 변해 있었다."

평상시보다는 위기에 강한 민족, 남이 멍석을 펴주는 것보다 무엇인가 제 마음으로 일을 할 때 신명이 나는 한국인의 기질을 비숍 여사는 일찍이 한국의 난민들을 통해 간파했던 것입니다. 그리고 배고픔을 피해 고향을 떠나 온 난민들이 어느 민족보다도 부지런하고 우수한 성품을 지닌 사람들로 변해 있는 걸 바라보면서 다음과 같이 결론을 맺었지요. "고국에서 살고 있는 한국 사람들도 정직한 정부 밑에서 생계를 보호받을 수 있게 된다면 진정한 의미의 시민으로 발전할 수 있을 것"이라고 말입니다.

비숍의 예언은 틀리지 않아 오늘날 한국인은 그녀가 본 연해주의 한국인처럼 세계가 놀랄 부지런한 한국인이 되었고 번영을 누리는 민족이 되었습니다. 그러나 그녀의 말대로 정직하지 못한 정부와 규제와 간섭을 일삼는 관력이 국민의 활력과 창조력을 억압한다면 언제든 가망 없는 열등한 한국인의 모습으로 전락하고 만다는 것도 잊어서는 안 될 것입니다. 한국인의 자율 신경과 뛰어난 창조적 상상력을 마음껏 살릴 수 있는 기회가 온다면 오히려 오늘의 위기는 연해주 난민들의 예시처럼 새롭게 거듭나는 한국인의 가능성을 보여줄 것이라고 믿습니다.

조직력과 상상력을 결합한 '스마트 파워'

알고 계시는 것처럼 우리가 지금 겪고 또 겪어가야 할 오늘의 경제 난국은 IMF 때와 같은 국가적 위기가 아니라 전 세계가 함께 치르고 있는 위기입니다. 동시에 불황이나 공황과 같은 경제만의 위기 상황이 아니라 문명 자체의 패러다임 변화, 문명의 전환에서 오는 파탄이기에 종래의 위기들과는 심각성 차원에서도 다른 국면을 맞고 있지요. 지금까지 우리가 사용해온 시스템이나 방식으로는 극복이 어렵기 때문에 그 어느 때보다도 한국인들이 지닌 창조적 상상력과 지혜를 끌어내야만 할 때입니다. 옛날처럼 정부가 주도하는 획일적 방식으로는 위기 극복의 새 동력을 얻을 수 없습니다. 그렇다고 미국의 서브프라임 모기지 사태Subprime Mortgage Crisis처럼 자유 방임주의의 자유분방한 개인의 욕망에만 맡길 수도 없는 형편이고요. 오늘의 위기 속에서 벌어지고 있는 글로벌 게임은 이종 격투기와 같은 것이어서 일정한 규칙이 존재하지 않습니다. 창조적 상상력 없이는 분열된 클라미도모나스가 다시 하나로 결합하는 통합의 모델을 찾아내기 힘듭니다. 행정을 하시는 분들에게 가장 어려운 과제가 바로 전례 없는 것을 만들어내는 이 '창조적 상상력'일 것입니다.

아주 간단한 예를 하나 들겠습니다. 어느 정도 살 만큼 되면 지방자치단체장들은 거의 예외 없이 지역 주민의 정체성이나 관광 자원을 개발하기 위해서 문화 축제를 엽니다. 그덕에 한때 전국의 축제 수는 1,176개로 절정을 보인 적도 있었습니다. 그러나 요즘 지방 축제는 지역민이나 외지의 관광객에게 외면당하고 힘을 잃어가면서 현재는 898개 정도로 줄어들었고 대부분의 축제는 돈만 낭비하는 애물단지로 전락하고 있는 형편입니다. 그 원인 중 하나는 지방마다 똑같은 시기에 똑같은 양식과 똑같은 방법으로 특성 없는 축제를 치러왔기 때문입니다. 무엇이 된다 싶으면 지역마다 뒤따라 모방하는 바람에 관객도 흩어지고 내용도 매력을 잃어 다 같이 공멸하는 현상을 빚게 된 거죠. 한마디로 창조적 상상력의 결핍이지요.

그중에서도 성공한 지방 축제들은 예외 없이 다양성과 독창성을 지닌 것들입니다. 이 같은 축제를 열기 위해서는 그 지방의 고유성을 발휘하여 감동을 생산하는 공감의 '창조력'이 필요한데, 이것이 관료적 시스템과 어긋나는 요소입니다. 숫자나 문건만으로는 힘든 일 중 하나이니까요. 군대 조직과 관료 조직은 군사력과 경제력의 하드 파워hard power를 만들어 내는 데는 강하고 효율적이지만 예술 작품같이 사람의 마음을 움직이는 소프트 파워soft power에는 오히려 역기능으로 작용하곤 합니다. 문화·예술 영역은 비관료적인 개인의 독창성에 의존하는 일이 많기 때문이지요. 지방 축제가 우후죽순처럼 생겨났다가 사라지는 현상은 그만큼 관료 조직의 하드 파워와 예술의 자연 발생적인 소프트 파워의 열정이 어울리기 힘들다는 좋은 본보기입니다.

숙명적으로 지역 축제 문화는 보통의 예술 활동과는 또 달라서 개인의 창조적 상상력만으로는 굴러가지 않습니다. 축제란 한 공동체의 구성원이 참여하는 집단적 퍼포먼스이니 말이죠. 조직이 있어야 하고 그를 뒷받침하는 행정력, 즉 조직력과 시스템이 작동되어야 합니다. 개인과 조직이, 상상력과 조직력이 하나가 될 때 비로소 성공을 거둘 수 있습니다. 비단 지역 축제만이 아니라 앞으로 위기 극복의 프로그램은 정부든 기업이든 하드 파워와 소프트 파워가 한데 결합한 '스마트 파워smart power'로 변해야만 성공할 수 있어요. 이 스마트 파워, 즉 조직력과 창조력을 어울리게 하는 이종 배합은 관민 모두가 하나의 비전을 공유해야만 비로소 가능해집니다.

서브프라임 모기지 금융 위기가 준 교훈

　미국발 금융 위기의 진정한 의미는 우리가 철석같이 믿고 있었던 첨단적인 금융 공학과 지식정보 시대의 기능을 과대평가했다는 데 있습니다. 슈퍼컴퓨터와 전 세계를 거미줄처럼 연결한 인터넷 시대에는 1930년대와 같은 공황이 절대 일어나지 않을 것이라고들 많은 이가 믿어 의심치 않았습니다. 이번 금융 위기의 보고를 받고 영국의 엘리자베스 여왕이 놀라서 말했듯, 이런 엄청난 현상이 일어날 것을 그 많은 경제학자와 증권 애널리스트, 정보 전문가 중 누구도 예측하지 못했느냐는 것만 봐도 그렇지요.

　이 대목에서 우리는 "절대로 넥타이 맨 사람들 얘기 듣지 마라"고 충고했던 나심 니콜라스 탈레브Nassim Nicholas Taleb의 저서 『블랙 스완 The black swan』이 떠오를 것입니다. 증권계 애널리스트로 그 내막을 너무나도 잘 알고 있었던 탈레브는 이렇게 경고하고 있었습니다. 지금까지 백조는 무조건 다 흰 줄 알았는데 18세기 때 호주에서 검은 백조가 발견되면서 그 통념은 여지없이 무너지고 말았다고요. 단 한 마리의 검은 백조가 나타나도 모든 사람이 백조는 희다고 믿고 있던 그

관념이 깨져버리고 말아요. 0.1퍼센트의 가능성이 모든 것을 바꾼다는 말이지요. 그러니 확률을 믿지 마라, '어제 이랬으니 오늘도 이럴 것이다'라고 생각해서는 안 된다는 주장입니다. 종래의 관념이나 시스템이 작용하지 않는 블랙 스완의 세상에서는 몬테카를로 방식, 이를테면 도박판과 같은 상황에 직면하게 됩니다.

전 미 연방준비제도이사회 의장 앨런 그린스펀Alan Greenspan은 미국에서 서브프라임 옵션으로 발생한 오늘의 금융 위기를 백 년 만에 몰아닥친 쓰나미에 비유했지만, 그 자체가 모순이 있는 말입니다. 백 년에 한 번 있는 일이라면 마치 이 같은 금융 위기가 백 년 전에도 있었다는 말이 되는데 실상은 전례가 없는 인류 초유의 사태이기 때문이죠. 그래서 우리는 이 위기를 극복하는 방법이나 기술을 기존 어떤 모델에서도 구하기 힘듭니다. 쉽게 말해 선택의 처방이 아니라 창조의 힘으로, 초월적인 상상력의 힘으로 지금까지 없었던 새 모델을 만들어내야 한다는 겁니다. 선진국의 뒤통수만 바라보고 뛰던 시절과는 달라진 거지요. 이는 바깥에 있는 경제도, 과학기술도 아니라 바로 우리 내부 의식 변화와 문화 자체에서 모델을 찾아야 한다는 말이기도 합니다.

GND, 이자택일의 패러다임에서 벗어나다

자연환경과 산업 개발은 지금까지 물과 기름과 같은 대립 개념으로 쓰여왔습니다. 이항 대립binary opposition의 갈등 관계로, 환경을 지키자면 산업 성장을 멈춰야 하고 산업이 성장하려면 환경을 파괴하지 않고서는 불가능했던 것이지요. 이 것 아니면 저것이라는 이자택일적인 패러다임이 지배해왔습니다. 20세기 말에 등장했던 로마 클럽이 제시한 친환경적이고 지속 가능한 산업 개발 이론만 해도 그와 같은 이항 대립의 틀 안에서 이루어진 소극적 자원 보존 정책에 지나지 않았습니다. 그런데 GNDGreen New Deal는 다릅니다. 종래의 이항 대립의 패러다임을 넘어서 환경 보호를 하는 것이 곧 경제를 살리고 성장시키는 동력이라는 적극적이고 창조적인 신新사고의 산물이라 할 수 있습니다. 녹색성장 정책은 '이자택일'을 넘어서 '양자 병합' 관계로 개념 자체를 바꿔놓은 산업이라는 데 의의가 있습니다. 선택이 아닌 창조적 발상의 산물이라는 데서 우리는 위기 극복의 새 국면을 찾아낼 수 있는 정책 비전, 그 철학의 방향을 설정할 수 있게 된 것입니다. 그러기에 GND 앞에서는 그동안의 반기업 정서나 환경

단체의 반체제화 경향도 사라지게 되지요. 기업 성장과 경제 발전은 곧 환경 파괴이며, 글로벌 시장주의는 곧 지역 문화 파괴로 인식되어온 고정관념이 붕괴될 것이기 때문입니다.

사실 서구 문화와 그 사상 체계는 롤랑 바르트의 지적처럼 이항 대립을 기초로 합니다. 'either-or'라는 배제적 선택의 패러다임으로 예스면 예스Yes be yes이고 노면 노No be no인 양극화 사고 체계이지요. 그러나 자연환경 보존이 곧 경제 발전 수단이 되는 GND 정책은 양극을 융합하여 창조 모델을 만들어내는 'both-and'의 사고 체계에 속합니다.

GND가 단순한 산업 혹은 경제 뉴딜이 아니라 창조적인 인간 의식의 혁명임을 실감하는 데에 제가 늘 주장하는 방충망 이론을 들려드리면 이해가 빠르실 것 같습니다. 무더운 여름밤 아버지가 아이에게 바람이 들어오게 문을 열라고 합니다. 문을 열자 이번에는 어머니가 모기 들어오니 문을 닫으라고 합니다. 이때 아이는 문을 열 수도 닫을 수도 없는 딜레마에 빠집니다. 아이가 할 수 있는 것은 아버지 편에 서느냐 어머니 편에 서느냐 눈치를 보는 일밖에는 없습니다. 이것이 바로 OX 선택지의 줄서기입니다. 여기에서 부–모–자子의 관계는 분파 분열의 갈등으로 내딛게 될 뿐만 아니라 여느냐 닫느냐의 택일적인 싸움에서는 누가 이기든 정작 문제는 해결되지 않은 채로 남게 됩니다. 모기에 물리거나 땀을 흘리거나 어느 쪽이든 근본적인 문제는 남는 거니까요. 그래서 부-모-자의 안정되고 행복한 가족 삼각형은 불행과 분열의 불안한 삼각형으로 이지러지고 해체되고 맙니다. 분배론과 성장론, 환경론과 개발론, 집단주의와 개인주의, 자연과 문명 모두가 그러한 이항 대립의 패러다임 속에서 전개되어 왔던 것이지요.

그런데 만약 창조적 상상력을 가지고 있는 아이라면 어떻게 할까요. 창문에 방충망을 다는 아이디어를 창안해낼 것입니다. 문을 여는 것과 닫는 것은 서로 반대되는 개념으로 동시에 받아들일 수 없는 모순이지만 방충망이나 모기장을 치면 그 이율배반의 벽을 넘어 바람은 들어오고 모기는 들어오지 않는 새로운 차원의 공간이 탄생합니다. 지금까지는 불가능으로 보였던 문을 닫고 동시에 여는 효과를 현실화하는 겁니다. 닫느냐, 여느냐의 선택적 행동은 방충망을 문에 다는 창조적 행위로 바꿨기 때문이지요. 딜레마는 해소되고 가정의 붕괴는 오히려 결합과 협력으로 변합니다. 지금까지 없던 것을 만들어내는 창조물에는 당연히 물질적, 정신적 비용이

듭니다. 그것을 마련하기 위해서 부부는 싸움이 아니라 협력을 해야 할 것이고 그러기 위해서 가족 구성원들은 희망을 갖고 서로 한 방향으로 달려가야 합니다. 가정도 국가도 이 방충망의 창조 원리에 의해서 새롭게 태어날 수 있다는 겁니다.

지금까지의 경제 산업은 자연을 파괴하고 대기를 오염시키는 굴뚝 산업으로 대표되었습니다. 하지만 GND는 그러한 고정관념의 굴레에서 사람들을 벗어나게 합니다. GND의 새로운 발상은 자연을 복원하거나 환경을 보호하는 산업을 만들어내는 것이지요. 대기의 오염이나 이산화탄소를 방지하는 것이 규제가 아니라 우리 경제를 윤택하게 하는 산업, 경제 성장의 동력이 되는 것입니다. 그러한 양자 병합적이고 복합적인 발상은 IT(정보기술), BT(생명공학기술), NT(나노기술)의 각기 다른 고유 기능과 기술을 융합하는 새로운 상상력과 모델을 창출하여 경제 산업 문화 전반을 뒷받침하게 될 것입니다. 과학기술과 문화 예술이 손을 잡는 '적과의 동침'도 벌어지게 되겠지요. 그 결과 종래의 화석 연료나 철강을 기조로 한 개발 산업 체계와는 전혀 다른 블루 오션이 펼쳐집니다.

모순을 통합하는 '양자 병합'은 문화 영역의 뿌리에서 개화합니다. 서로 분리되어 있거나 이질적인 것을 융합시키려면 새로운 상상력과 사고 체계가 필요합니다. 그것이 지금껏 부국강병을 이끌어온 군사력, 경제력 다음에 등장하는, 보통 꿈이라고 말하는 제3의 힘, '창조적 상상력'이지요. 디지털과 아날로그적 사고를 결합하고 좌뇌적인 시스템과 우뇌적인 직관력을 융합시키는 디지로그적인 사고의 뉴딜이 시작되는 겁니다. 이질적 혹은 대립적인 요소를 결합시키는 컨버전스convergence, 퓨전fusion, 크로스오버crossover, 하이브리드hybrid, 매시업mashup, 인터랙션interaction과 같은 그동안의 키워드들을 하나의 단어로 축약한 것이 다름 아닌 GND지요. 그래서 양자 병존의 창조적 상상력은 시적인 메타포에서만 머무르는 것이 아니라 산업 분야, 경제 분야 그리고 정치 행정 사회 분야 전반에서 일어나게 됩니다. 산업이나 과학기술과 대립적인 관계에 있던 문화 예술이 한 몸이 되는 놀라운 클라미도모나스의 통섭 효과를 창출하게 되는 거죠.

창조적 상상력으로 바꾼 문명 패러다임

세계적 관심을 끄는 문화 이벤트인 아카데미상 시상식장

을 들여다봅시다. 어떤 변화가 일어나고 있는지 말입니다. 얼마 전만 해도 인기 스타들은 그 식장에 고가의 대형 리무진을 몰고 나타났죠. 누가 더 크고 고급스러운 차를 몰고 오느냐가 그 영화배우의 인기를 측정하거나 높이는 척도였어요. 하지만 놀랍게도 몇 년 전부터 대형 리무진이 토요타의 프리우스로 변했습니다. 이제는 경쟁적으로 친환경 차량인 하이브리드를 몰고 나타나게 된 것입니다. 팬들의 환경 의식이 높아지고 자동차를 바라보는 트렌드가 바뀌었기 때문입니다. 큰 차일수록 이산화탄소 배출의 주범으로 인식되고 타고 다니는 사람들도 부정적인 눈으로 보일 수밖에 없죠.

포드 모델 T가 산업주의 시대를 상징하는 자동차였다면 토요타의 하이브리드 자동차는 GND의 녹색 시대를 여는 선행 모델이라고 할 수 있습니다. 이른바 포드주의Fordism의 산업주의를 주도해온 포드 모델 T는 색깔도 검은색으로 획일적입니다. 검은색은 어느 색보다 빨리 마르기 때문에 생산 공정이 빨라지고 획일적인 대량 생산 체계에 이상적입니다. 그러나 GND의 패러다임에서 포드의 T형카는 더 이상 통하지 않습니다. 자동차의 효용성은 생산 체계에 있는 것이 아니라 사용 체계로 바뀌고 그 기준은 연비와 이산화탄소 배출

량의 친환경성에 의해 결정됩니다. 하이브리드 자동차의 발상은 연료가 전기냐 오일이냐의 선택이 아니라 앞서 말한 방충망 예시와 같이 두 엔진을 병합하여 각기 다른 두 기능을 통합한 창조적 상상력의 산물입니다. 시스템이 다른 두 개의 엔진을 한 자동차 안에 탑재하는 병합 방법이지요.

그렇기에 GND는 이항 대립의 판박이 시스템에만 얽매여 있는 사람들, 융통성이 결여된 관료 조직으로는 성과를 거두기 힘들어집니다. 하이브리드 자동차도 엔진에만 이항이 결합되고 마는 것이 아니라, 전체적으로 좌뇌와 우뇌가 협력해야 해요. 지금까지 자동차를 흘겨보던 환경 단체들이 하이브리드 에코카eco car를 만드는 회사의 후원자가 되고 정부는 자국 기업이 아니라고 해도 각종 인센티브를 부여해야 합니다. 그렇지 않으면 소비자들은 엔진 두 대 값을 치르는 하이브리드 자동차를 외면할 것입니다. 아카데미상 시상식장에 등장하는 인기 스타들만이 아니라 독일에서는 농림부 장관을 비롯하여 환경 관계 인사들이 자국 자동차 산업의 라이벌인 일본 토요타의 프리우스를 타고 다니면서 에코카 장려 캠페인을 합니다. 종래의 자동차 산업 기술과 마케팅에서는 꿈도 꾸지 못했던 일이 벌어지고 있는 것이지요. 그러기 때문에

GND는 단순히 친환경 운운하는 차원이 아니라 정치, 사회, 문화 전반의 문명적 패러다임의 변화를 상징하는 뉴딜이라고 할 수 있습니다.

이번 금융 위기로 인한 불황으로 월 50만 명의 실직자를 배출하고 있는 미국에서는 이 그린 잡green job으로 5백만 명이 일할 수 있는 일터 창출을 기획하고 있습니다. 오바마는 취임 연설에서 새로운 일거리 창출은 단순한 실직자 구제가 아니라 미국 경제성장의 기반이 되는 것이라고 주장했어요. 그렇지요. 일자리 창출이 입에 풀칠하는 임시변통의 응급조치가 되어서는 나라의 미래가 없습니다. 그것이 GND와 결합되어 있는 신개념 일터로서 산업과 경제구조 자체를 바꾸는 창조적 상상력의 산물이어야만, 진정한 위기를 넘어서 새 문명의 판을 짜는 비전이 될 수 있습니다.

우리에게는 창조적 상상력을 위한 자원이 있을까

우리에게 GND라는 신개념을 정착시키고 발전할 수 있는 남다른 창조적 상상력이 있는가, 새로운 경쟁에서 이길 수 있는 정신적·물질적 리소스가 있는가 물어봐야 합니다. 아마도 그 답은 "있고도 없다"가 가장 정직한 대답일 것입니다. '엇비슷'이라는 한국말처럼 모순어법으로 대답할 수밖에 없는 실정이지요.

비빔밥처럼 이질적인 것을 섞어 그 맛을 내는 '양자 병합'은 한국 문화의 특성이라 할 수 있습니다. 방충망 이론에서 짚은 것처럼 우리는 기본적으로 선택이 아니라 뽕도 따고 님도 보는, 두 마리 토끼를 잡는 데 뛰어난 창조적 상상력을 지닌 민족입니다. 한자를 사용하면서도 독자적인 자기 나라 글자를 만들어 변용해온 한글 – 한자 문화 하나만 두고 보아도 알 수 있습니다. 세계에서 두 문자 체계를 동시에 병합하여 사용하고 있는 민족은 한국과 일본 정도뿐입니다. 또한, 원래는 말 타고 만주 벌판을 달리던 유목민이었으면서도 한반도의 몬순 계절풍대 풍토에 알맞은 벼농사를 지은 농경 문화를 만들어 유목 – 농경의 두 문화를 한데 통합한, 지상의 거의 유일한 민족이라고 해도 과언이 아닙니다. 그러니 한국인은 창조적 상상력이 많은 민족으로 평가할 만합니다.

그런데도 왜 "있고도 없다"인가 하면, 그동안 이 창조적 상상력을 키우고 활용할 만한 그릇과 인프라가 없었던 게 이유이죠. 아래에서 위로 올라갈수록, 공이든 사이든 높은 위치에 있는 정책 결정자일수록 창조적 아이디어나 상상력을 받아들이기 어려운 체제에서 살아왔기 때문입니다. 이미 비숍이 짚은 바 있듯 한국인이 간직하고 있는 창의력과 상상력을 제대로 살려 실현할 수 있는 국가적·사회적 시스템이 마련되어 있질 않았어요. 한마디로 창조적 상상력을 죽이는 관료 시스템, 앞에서 언급한 대로 한국의 관료와 기업은 매우 우수해서 빠른 압축 성장을 하는 데는 비상한 힘과 그 기능을 발휘했지만 문화 축제와 같은 소프트 파워 면에서는 성공보다 그 역기능으로 실패한 사례들이 많았다는 것을 직시해야 합니다. 지금까지 관료 조직이나 국가 시스템이나 지방자치단체에서 해왔던 일들이 과연 우리 민족이 지닌 창조적 상상력을 죽여왔는지, 아니면 키워왔는지를 들여다보면 앞으로 우리가 무엇을 해야 할지 해답이 절로 나올 것입니다.

교육 시스템에서 찾은 군국주의와 획일주의

교육 시스템부터 봅시다. 여기 계신 분들은 모두 '초등학교' 출신들일 겁니다. 일제강점기에나 해방 후에나 우리는 초등학교를 국민학교라고 불렀지요. 일본은 종전 이후 제국주의 사회 체제에서 자유 민주주의 체제로 바뀌자마자 국민학교의 명칭을 버리고 소학교로 이름을 바꿨지만, 우리는 한동안 일제의 잔재인 국민학교라는 이름을 그대로 고수해왔습니다. 저는 여러 번 언론에 왜 국민학교라고 하면 안 되는지 토로했음에도 오늘날처럼 초등학교로 개명하기까지 오랜 시간이 걸렸습니다.

국민학교의 명명 과정을 살펴보면 그것이 단순한 명칭에서 끝날 문제가 아니라는 사실을 발견할 것입니다. 국민학교는 바로 독일의 국가 사회주의 이념을 반영한 낱말이기 때문입니다. 나치당이 집권하던 독일에서는 자동차 산업의 능률을 올리기 위해 모든 국민이 똑같은 형태의 자동차를 타고 다닐 수 있는 체제를 만들어 '국민차(폭스바겐volkswagen)'라 했고 모든 국민이 입고 다니는 옷을 만들어 국민복이라고 했지요. 그리고 국민의 생각과 행동도 똑같이 하게 만든 교육기관이 '국민학교(폭스슐레volksschule)'라는 이름이었습니다.

언어의 교환은 피의 교환, 화폐의 교환과 동일한 구조를 갖습니다. 언어의 교환은 사상을, 결혼이라는 피의 교환은 가족

을, 돈의 화폐 교환은 시장을 만들어내지요. 그러므로 언어의 교환 구조는 교육을 통해 정치·사회구조와 경제구조까지 지배하는 역할을 합니다. 언어, 피, 돈의 삼대 교환을 통해서 한 국가의 운명이, 미래의 방향이 결정됩니다. 제가 국민학교에 들어가서 맨 먼저 배운 글이 바로 "아카이 아카이 히노마루 노 하타赤い赤い日の丸の旗"였습니다. "붉은 붉은 일장기"라는 뜻이지요. 아버지, 어머니, 해, 달, 구름 혹은 뜰에 핀 꽃 이름이 아니라 어린아이들이 맨 먼저 학교에 들어가 배운 것이 군국주의를 상징하는 일장기였던 것입니다. 얼마나 많은 사람이 그 깃발 밑에서, 그 이념 밑에서 뭣도 모르고 죽었습니까. 그래서 지금 일본에서는 국기 게양을 하지 않는 학교가 많습니다. 독일과 이탈리아 등 2차 대전 당시 전체주의 국가들의 기는 모두 바뀌었지만 일본만은 그대로이지요.

　해방된 뒤 독립한 우리의 손으로 만든 국어 교과서는 어떻습니까. 분명 "아카이 아카이 히노마루노 하다"가 실려 있지는 않았습니다. 국어 교과서 첫 페이지는 "바둑아, 바둑아. 이리 오너라. 나하고 놀자"로 바뀌었지요. 겉으로 보면 많이 달라진 것 같습니다. 깃발이 바둑이로 바뀌고 군국주의 이념은 "놀자"라는 자유로운 시민 생활로 전환되었으니까요. 그러나 바둑이라는 말에 주목해보십시오. 우리는 개 이름을 짓는데 검고 희면 다 '바둑이'라고 했지요. 지금도 시골 마을에 가서 '바둑아' 하고 부르면 수십 마리 개들이 나올 겁니다. 상상력 창조력이 없는 획일적인 네이밍이 아닙니까. 검은 개는 검둥이, 누렁개는 누렁이, 이것도 저것도 아닌 색깔이면 얼룩이입니다. 개성도 상상력도 없는 이것이 우리가 지어온 개 이름들이었습니다. 일제의 억압이 끝나고 군국주의, 획일주의 교육 이념이 사라졌어도 여전히 한국인이 가지고 있는 창조력을 발휘할 만한 교육은 이루어지지 않고 있었던 거죠.

개 이름만이 아닙니다. 억압받고 소외되었던 여자들의 이름도 마찬가지입니다. 여성에게는 이름이라는 것이 아예 없어서 박씨면 박성녀, 이씨면 이성녀입니다. 이름이 있다고 해도 어디엔가 점이 박혔으면 바둑이처럼 점순입니다. 갓 나왔다고 해서 갓난이고 복스럽다고 해서 복순이, 맨 마지막에 나면 말숙이지요. 획일적인 사회와 조직 속에서는 창조적 상상력이 대접을 받지 못합니다. 아니지요. 대접을 받지 못하는 것이 아니라 억눌림과 소외를 받기 마련입니다. 같은 것이 아니면 인정되지 않아요. 그래서 남을 깔보거나 차별할 때 쓰는 말이 '같잖다'입니다. '같지 아니하다'의 준말입니다. 나와 같지 않은 것. 요즘 말로 개성이 있거나 튀는 것은 모두 같 잖은 것이 됩니다. 새 일을 하려고 할 때 공무원들이 가장 잘 쓰는 말이 바로 전례가 없다는 것입니다. 그 탓에 공직자들 은 소심해지고 같지 않은 이질적인 것에는 눈을 돌립니다.

성격은 좀 다르긴 해도 일제강점기의 군국주의만이 아니 라 창조적 상상력을 좀먹는 획일주의는 근대 산업주의 제도 에도 만연해 있지요. 초등학교든 국민학교든 아이들이 무심 히 부르는 노래에서도 찾아볼 수 있습니다. "학교 종이 땡땡 땡, 어서 모이자. 선생님이 우리를 기다리신다." 많이 불렀던 노래지요. 그러한 사고에 젖어 있어 전혀 이상할 게 없게 들 리기도 합니다만, 가사를 자세히 들여다보면 천진난만한 아 이들의 이 노래에서는 종소리에 일제히 집합하는 집단 교육 이 학교나 공장이나 마찬가지로 땡땡땡 치는 종소리로 상징 되고 있습니다. 조건 반사의 실험을 하는 '파블로프의 개' 종 소리처럼 아이들은 그 소리를 듣고 일제히 모입니다. 그냥 모이는 것이 아니라 '어서 모이자'입니다. 이 모임에서 탈락 하면 벌을 받지요. 그래서 우리를 기다리신다는 선생님의 모 습은 교육자가 아니라 감시자, 혹은 감독자의 모습으로 비치 기도 합니다.

창조적인 사회로 향하기 위해 필요한 것

1억 가지 이상의 색깔을 내는 컴퓨터를 사용하며 게임을 하는 아이들에게 아직도 무지개가 빨, 주, 노, 초, 파, 남, 보 일곱 가지 색채라고 외우게 하는 교육의 실정에 대해서도 문제를 제기할 만합니다. 무지개가 7색이라는 것은 아시다시피 뉴턴이 분광 실험을 하다가 자의적으로 정한 색채에 불과합니다. 서양에서는 도레미파솔라시도 월화수목금토일 등 음도 시간도 7분절로 되어 있는 것이 많지만 한국에서는 오방색이라고 하여 5분절을 사용하여 음악도 오음계로 궁상각치우입니다. 과학조차 객관적인 것이 아니라 문화가 들어 있다는 이야기예요.

정리하자면 문화가 달라지고 시대가 변하면 인식에도 변화가 생긴다는 겁니다. 항간에는 이런 이야기도 있습니다. 애를 길 건너 유치원에 보냈는데 어머니는 파란불이 들어오면 길을 건너라고 가르쳐주었어요. 그런데 아이는 길에서 계속서 있는 거예요. 어머니가 "왜 파란불이 들어왔는데 길을 건너지 않니?"라고 물었더니 아이는 "파란불이 아니라 초록 불이잖아"라고 대답했다는 것이지요. 동북아시아권에서는 초록은 동색이라고 하여 초록색도 파란색이라고 합니다. 교통 신호등은 근대화와 함께 서양에서 들여온 것이라 초록색으로 되어 있는데도 한국과 일본에서는 청색 신호라고 부르죠. 우리 글자인 한글과 남의 글자인 한자를 동시에 받아들인 것처럼 글로벌과 로컬을 병합하는 지혜만이 이 다양한 문명의 시대를 살아갈 수 있는 길입니다.

그래서 세계의 흐름은 선생 중심으로 가르치는 티칭teaching 교육에서 학생 중심으로 배우는 러닝learning 교육으로, 그것이 다시 선생과 학생의 상호 작용을 중시하는 띵킹thinking 교육으로 변하고, 최종적으로는 학생이 선생을 뛰어넘는 청출어람靑出於藍의 '창조 교육'으로 향할 때 한국의 사회와 역사는 생명력을 갖고 진화해갈 것입니다. 그러니 색채 하나 가르치는데도 이렇게도 넘어야 할 산이 많다는 점을 우리는 대담하게 시인하고 받아들여야 합니다.

줄다리기를 할 때는 열 명이 똑같이 한 방향으로 끌어야 하지만 생각을 할 때에는 제가끔 독창적인 생각을 할 수 있도록 가르쳐줘야 합니다. 한 명의 기발한 발상이 평범한 천 명을 이끌 수 있는 것이 창조적 상상력의 특징입니다. 줄다리기의 시대에는 4천만이 하나가 되어야 하지만 창조의 시대에는 한 사람 한 사람이 제가끔 생각하는 4천만 명의 목소리를 내야 합니다. 그것이 우리의 희망입니다. 중국의 베이징 올림픽처럼 13억 명의 인구가 하나로 움직일 때 우리는 굴렁쇠 굴리는 한 사람으로 맞서는 것이지요. 독창의 세계, 창조의 세계에서는 아무리 인구가 많은 나라라고 해도 4천만 대 1이 됩니다. 일본에 부는 한류를 보세요. 배용준 하나가 일본 배우 천 명을 이깁니다.

아무리 말로 개성, 독창성, 민주주의, 시민 교육이라고 외쳐도 우리 가슴 한곳에 일제강점기의 국민학교 잔상이 남아 있습니다. 일제강점기에서 벗어난 뒤에는 국민이란 말의 의미가 변했지만 이번에는 '인민'이라는 말과 충돌합니다. 링컨의 그 유명한 "Of the people, By the people, For the people"이 간단한 예입니다. 이 말이 한자 문화권으로 오면 번역이 아주 달라집니다. 일본에서 생겨난 어법이지만 좌익의 사회주의자들은 '피플people'을 인민이라 부르고 우익에서는 국민이라고 번역합니다. 우리나라도 한국에서는 국민이고 북한에서는 인민이지요. 그리고 북한의 『조선말 큰 사전』에 보면 '인민'은 혁명 대상을 제외한 노동자, 농민 등을 뜻하는 계급적인 뜻으로 정의되어 있어요. 왜 상식적인 이야기를 자꾸 강조하느냐 하면 피플을 국민이라고 번역하느냐 인민이라고 번역하느냐의 그 사소한 어휘 하나가 정쟁을 일으키고 분단을 영구화하고 엄청난 체재의 차이를 만들어 같은 한국인인데도 전혀 다른 사람처럼 생활하는, 분단의 비극적 현상을 일으키기 때문입니다. 우리에게는 나치와 일본 제국주의의 국민학교 교육 시스템이 잠재적으로 남아 있거나 국민을 인민이라고 부르는 이념주의 교육의 영향 탓에 자신도 모르는 사이에 획일주의적 사고를 하는 일이 많을지도 모릅니다. 그래서 국가와 정부가 선의를 갖고 개입할 경우에도 불필요한 규제가 많아지고 개개인의 창조력을 억누르고 소외시키는 잘못된 제도와 운영으로 빠져들 때가 있을 것입니다.

1930년대의 공황 개입 과정에서 일본과 나치가 전체주의를 전파했다는 사실을 잊어서는 안 됩니다. 규제의 전주를 뽑아내려고 애쓴 것이 언제인데, 다시 경제적 위기 상황을 맞으면서 지금 세계 곳곳에서는 국가 규제의 망령들이 살아날 가능성이 커지고 있습니다. 1930년대에 시작된 전쟁까지 치닫는 그런 현상이 되풀이되면 비숍이 염려한 구한말의 한국인들처럼 가망 없는 내일이 올지도 모릅니다. 빈곤보다도 더 무서운 일이 벌어지고 마는 것이지요. 어느 나라에서나 평상시와 달리 위기 상황에서는 정부의 개입이 커지기 마련입니다. 그래서 자유로운 개인의 상상력이나 기업의 창조력이 위축되고 활력을 억누르는 통제 사회가 생겨나지요.

그러나 국가가, 지도자가 국민의 자유로운 상상력과 결합하여 함께 창조적인 사회를 이뤄낸다면 정부는 국민과 감동을 공유하는 추임새와 호소력을 지니게 될 것입니다. 아주 작은 일에서부터 변화가 일어나게 되는 것이지요. 주례사처럼 판에 박은 듯한 관료들이나 정치가들의 연설 스타일이 달라질 겁니다. 어느 지역 행사장에 가봐도 하나의 공통점은 감동도 개성도 없는 지역 유지들의 연설이 줄줄이 이어지는 지루함입니다. 만약 학교에서는 교장 선생님, 기업에서는 CEO, 그리고 국회에서는 의원들의 이 형식적인 인사말이 듣는 이의 가슴에 감동과 공감을 일으키는 연설로 바뀐다면 어떻게 될까요. 학교가 바뀌고 사회와 역사가 달라지고 나라 전체가 새 분위기로 변할 것입니다.

이는 예산이 드는 일이 아닙니다. 단지 생각을 바꾸고 비전을 지니면 되는 일입니다. 그러기 위해서는 학교 교육의 콘텐츠가 바뀌어야 할 것입니다. 초등학교에선 얼음이 녹으면 물이 된다고 가르칩니다. 그런데 때로는 얼음이 녹으면 봄이 온다고 쓰는 애들이 있어요. 이런 아이들은 문제아로 찍히고 왕따를 당합니다. 얼음이 녹으면 봄이 온다는 아이들도 얼음이 녹으면 물이 된다고 대답하는 아이들과 함께 교육을 받을 수 있을 때, 얼음이 녹으면 물이 된다는 것과 얼음이 녹으면 봄이 온다는 것이 모두 정답으로 공존할 수 있을 때, 스티브 잡스가 나오고 빌 게이츠가 나오는 나라가 될 수 있습니다. 오늘만은 웅변조의 큰 소리로 이야기하려고 하지 않았는데 이 대목에 오면 소리가 자연히 높아지지 않을 수 없습니다. 저 자신이 바로 얼음이 녹으면 물이 된다가 아니라 봄이 온다는 아이였으니까요. 그것이 제가 일흔의 나이를 넘고서도 아직 할 말이 많고 써야 할 글이 남아 있는 이유입니다.

망설일 시간이 없다, 창조를 알아보는 눈을 갖추라

꿈을 이루기에 현실이란 냉정한 것이어서 성공보다 실패하는 경우가 더 많습니다. 2002년 월드컵 때 10년에 하나씩 세우는 '천년의 문'을 아이디어대로 실제로 세웠다면 내년에는 두 번째 천년의 문이 서서 현대사 박물관을 따로 짓거나 기획하지 않아도 되었겠지요. 기업도 다르지 않습니다. 20년 전 관련자들의 모임에서 차세대 자동차로 하이브리드 엔진을 개발해야 한다는 것을 강연한 적이 있었지만 아무런 반응도 얻지 못했습니다. 만약 그때 우리가 그것에 주목하여 정부와 기업이 서둘렀다면 일본의 토요타를 능가하고 지금쯤 GND의 선봉에 섰을 것입니다. 지금 오바마 대통령은 GND의 기획에 미국 자동차 회사들이 하이브리드 엔진을 만드는 데 투자할 기획을 세워놓고 있지만 그것이 실현된다 해도 토요타가 미국 내에 판 프리우스의 겨우 백만 대분밖에 되지 않습니다. 우리도 마찬가지겠지요. 토요타를 뒤따라 하이브리드 자동차를 개발한 닛산이나 혼다 등은 고배를 마시고 시장에서 철수하고 만 것을 보더라도 창조란 언제나 퍼스트 펭귄이 되어야 한다는 것을 실감하게 됩니다.

시계가 실용품에서 예술품 심볼로 바뀌면서 최근 일본의 세이코SEIKO사에서는 크레도르라는 최고가의 명품을 내놓았습니다. 그 가격만 수십억 원대로 지금까지의 스위스제 시계의 기록을 깨뜨렸지요. 바로 그 시계를 만든 것이 한국의 나전칠기 옻칠 공으로 일본에 갔다가 그곳에서 인정받아 명성을 얻은 전용복 씨입니다. 시계에 정교한 옻칠과 나전 세공으로 다이아몬드나 다른 보석이 할 수 없는 아름답고 견고하고 만 년이 흘러도 변하지 않을, 세계 최고액의 부가가치가 높은 시계를 창조한 것입니다. 문제는 왜 전용복 씨는 한국에서 그 같은 창조적인 작업을 하지 못했을까, 하는 점입니다. 왜 국외로 가서야 비로소 그의 창조적 상상력을 실현할 수 있었을까 하는 거죠. 오래된 이야기지만 전용복 씨가 한국의 전통 기술을 가지고 일본에서 활동하는 것을 보고 저는 여러 차례 한국에서 지원하여 옻나무를 가꾸고 전통과 첨단 산업을 잇는 연구소를 만들어보려고 노력했지만 정부의 어느 기관도, 어느 기업도 관심을 두지 않았습니다. 이렇게 저와 제 주변에 있는 분들이 창조적인 아이디어를 갖고서도 성공보다는 물거품이 되는 현실의 아쉬움을 너무나 많이 겪어왔던 것이지요.

한마디로 한국에는 창조적 아이디어를 가진 사람이 많아도 그 아이디어를 받아들여 실현시킬 수 있는 제도, 그 가치를 이해할 만한 후원자나 의사 결정자의 식견이 뒤따라주지 않는 데에 문제의 심각성이 있다는 것을 이야기하고 싶었습니다. 모든 사람이 창조적일 수는 없습니다. 특히 공공기관의 장이나 기업의 CEO는 창조적 상상력을 가지고 있지 않다 해도 창조적인 아이디어나 그런 사람을 알아볼 줄 아는 안목이 있으면 되는 것입니다.

똑같은 아이디어, 똑같은 사물을 놓고도 그것을 창조적으로 이용할 줄 아는 아이디어를 가진 사람과 그렇지 못한 사람의 차이가 한 지역이 낙후하느냐 번영하느냐를 결정합니다. 나라도 그렇고, 한 지방도 그렇습니다.

위기의 시대를 헤치고 좋은 나라를 만들기 위해서는

끝으로 이른바 이항 대립을 넘어서 지금까지 대립적이거나 서로 관계없이 지내온 것들을 어떻게 새로운 GND의 에코 산업으로 실현하고 있는지 예시를 들려드리려 합니다.

오늘은 워크숍을 하기 위해 모이신 자리이기 때문에 추상적인 것보다 될 수 있는 한 구체적인 이야기를 하고 싶었습니다. 그래서 제 개인적인 체험담을 비롯하여 문화나 교육의 이야기를 중심으로 말씀드렸지만, 주제는 단 하나입니다. 한국인이 지닌 창조적인 상상력을 어떻게 이 위기의 시대에 잘 살려 보다 좋은 나라를 만들어갈 수 있을까.

워털루 전쟁에서 나폴레옹이 패한 것을 잊지 마실 것을 당부드립니다. 나폴레옹 군대의 관료 조직이 작동할 때는 유럽을 석권했지만 그가 워털루에서 최후의 패배로 멸하게 된 것도 바로 그 관료주의였다는 점을 말입니다. 에마뉘엘 그루시 Emmanuel de Grouchy 장군은 나폴레옹의 명령을 잘 수행하여 장군직에 오른 이로 신임이 두터웠던 사람입니다. 나폴레옹은 그에게 패주하는 프로이센의 군대를 뒤쫓으라고 군대를 내주고 자신은 영국군을 찾아 진군을 했지요. 워털루 지역을 지나던 그루시 장군은 프랑스군과 영국군이 교전을 하는 대포 소리를 듣지만 그냥 명령대로 프로이센군을 찾아 행군을 계속합니다. 불과 5킬로미터 밖의 거리에서 전쟁이 벌어지고 있는데도 말입니다. 그때 그 장군에게 창조적인 상상력이 있었더라면 그 전투장에 달려가 나폴레옹이 승리를 했을 터인데 부관의 말도 들은 체도 하지 않고 오로지 명령만을 수행하다가 프랑스군은 대패하여 나폴레옹은 결국 최후의 좌절을 맛보게 되지요. 그루시 장군은 절대로 무능한 장군은 아니었습니다. 오히려 나폴레옹이라는 명령자가 없어지자 독자적으로 군을 이끌고 완벽한 후퇴 작전을 성공시킨 사람이었지요. 다만 그의 독창성을 발휘할 기회를 나폴레옹은 주지 않았고 오직 명령만 따르는 관료 조직의 한 사람으로 그를 훈련시켜왔을 뿐입니다.

세계의 GND 전쟁

더 이상 긴 설명은 달지 않겠습니다. 지금 우리는 워털루 같은 위기와 전쟁을 하고 있습니다. 혹은 오스만의 침공을 앞에 둔 콘스탄티노플의 성벽 안에서 위기의 앞날에 대처하고 있습니다. 우리는 어떻게 해야 할까요. GND의 전쟁은 벌써 시작됐습니다. 태양전지 개발 면에서 앞에는 일본이, 뒤에는 대만이 있습니다. 바이오 에너지에 있어서도 일본은 2차 대전 시에 대체 에너지를 개발해 비행기의 연료로 사용한 경험이 있기 때문에 한 기업이 그 노하우를 이용해 피마자유를 대량 생산하는 실험에 성공하고 있습니다. 미국이나 남미는 땅이 넓어 옥수수와 콩을 바이오 에너지의 자원으로 사용하고 있지만 인간이 먹는 식량을 가지고서는 결코 화석 연료를 대신할 GND를 이룰 수 없지요. 사람이 먹고 말이 먹고 자동차가 먹는 기름은 GND가 될 수 없습니다. 아메리카의 황무지에서 자생하는 자트로파jatropha 같은 것은 독성이 있어 인간이 먹을 수 없기 때문에 식품과 경합하지 않고 바이오 에너지를 얻을 수 있습니다. 더구나 농지가 아닌 황무지에서 성장하기 때문에 더더욱 이상적입니다. 그런데 피마자는 전국 어디에서나, 자트로파는 제주도에서 재배가 가능한데도 이를 이용한 바이오 에너지의 생산에 대한 소식은 아직 들려오지 않고 있습니다.

또, 금이나 희귀 금속은 흔히 도시의 광산이라고 하여 전자제품의 폐품 쓰레기 더미 속에 묻혀 있지요. 때로는 지구의 매장량보다 더 많은 양이 도시의 광산에 묻혀 있다는 말도 합니다. 그런데 이것 역시 금이나 인듐indium 같은 희귀 금속으로 된 부품만 쉽게 분리할 수 있도록 디자인된다면 회수율이 높아져 GND 자원 개발로 이용될 수 있을 것입니다.

GND 프로젝트의 일환으로 일본에서는 소위 '청룡열차'라고 부르는 롤러코스터의 기술을 이용하면 에너지 사용으로 반으로, 이산화탄소 배출량은 제로로 줄일 수 있는 대중교통 수단을 창안할 수 있다는 것을 발견했다고 합니다. 알다시피 롤러코스터는 위치에너지를 추진력으로 이용하기에 자체 동력이 없지요. 그래서 역마다 수십 층 빌딩 높이의 탑을 세우고 승객을 태운 청룡열차를 떨어뜨리면 다음 역까지 동력 장치 없이 달려갑니다. 놀이로 타는 것과 달리 소음이나 진동이 있으면 안 되니 도쿄대학과 제휴하여 진동과 충격 흡수의 특별 장치를 개발하여 거의 성공 단계에 이르렀다지요.

가슴속에 잠든 창조적 상상력을 깨운다면 위기는 기회가 된다

세계에서 가장 창조적인 CEO로 스티브 잡스를 꼽습니다. 그는 남들이 다 만들어놓은 MP3 플레이어에, 남들이 다 만들어놓은 인터넷망을 결합하여 아이팟과 같은 세계적 히트 상품을 만들었지요. 평범한 기술의 비범한 결합이라는 새로운 아이디어로 새로운 제품을 만들어낸 것이죠. 이미 말한 대로 창조적 상상력이란 바로 이같이 서로 이질적인 것, 지금까지 관계가 없었던 것들을 결합해 방충망을 만들어내는 것 같은 상상력을 의미합니다. 그러한 상상력 창조력은 그가 스탠퍼드대학 학생들에게 말한 것처럼 "스틸 헝그리, 스틸 풀리시Still hungry, Still foolish", 즉 계속 채워지지 않는 허기진 마음과 남들이 어리석다고 놀리는 일에 미쳐야 나오는 것입니다.

창조적 상상력은 여러 위기를 극복하는 GND를 비롯한 모든 지식 산업 그리고 꿈의 상품을 만들어내는 원동력이 될 것이고, 그 융합 기술은 한국인이 어느 민족보다도 전통적인 문화 속에 간직해온 보물입니다. 이제 그것을 꺼내 쓸 때가 온 것입니다. 이미 있는 기술을 다른 기능과 용도로 전환하여 새로운 것을 만들어내는 트랜스포머형 창조, 평범한 기술의 비범한 결합으로 새것을 만드는 하이브리드 컨버전스형 창조, 비빔밥의 원리와 같이 이질적인 것을 하나로 통합하는 이종 배합의 카메라형 창조, 여러 짐승을 합성한 동양권의 용龍처럼 모난 돌이 정을 맞지 않고 오히려 대접받는 관용과 이해를 통해 한국인의 가슴속에 잠들어 있는 창조적 상상력을 일깨울 기회가 이 위기를 타고 오고 있습니다. 그 기회를 잡으십시오.

한국인과 똑같은 마음,
한국인이 사천 년 동안 어려움 속에서 살아왔던

바로 우리의 정신을 가르치는 것이
한국어 교육의 의의입니다.

전 세계를 지배하는 영어,
한때 지배했던 프랑스어를 배우는 것과

한국어를 배우는 것은 다릅니다.

우리는 우리의 작은 소망과 사천 년 살아왔던 지혜를
서로 나누는 것이죠.

3

생성 문자 속에서
언어의 영혼을 읽다

한국어의 '죽이다'

한국어가 오늘날 세계 곳곳 많은 사람에게 전달되고 있습니다. 대단히 기쁜 일이지만, 우리말이 올바르게 교육되고 있는가, 또 한국말을 가르치는 의미가 무엇인가, 한국인뿐만 아니라 한국어를 공유하는 사람들끼리 어떻게 살아가야 하는가에 대한 문제를 이야기하고자 합니다.

몇몇 대학교수들이 모인 자리에서 강연했을 때 제 첫마디가 이랬습니다. "우리는 한국말을 알까요?" 그러니까 그분들 얼굴이 시뻘게지는 거예요. 그래서 제가 말했습니다. 그렇게 노여워할 것 없습니다. 나도 칠십 해 동안 한국말을 썼지만 한국말 잘 모릅니다. 지금부터 제가 몇 가지 퀴즈를 낼 테니 정말 한국말을 알고 있는지 테스트를 해봅시다. '죽인다'는 말이 있지요? '죽이다'는 '죽다'의 사역동사입니다. 죽다死와 죽이다殺는 전혀 다른 말입니다. '죽다'의 사역동사가 자동사가 된 것이지, 엄격한 의미에서 영어의 'kill'에 해당하는 말은 한국말 중에 없습니다. 엄격한 의미로 한국인은 살인을 한 번도 안 했어요. 그 사람이 죽을 짓을 해서 죽은 거지, 우리가 죽인 건 없어요. 언어상으로는 우리는 살인을 한 번도 안 하고 지내는 사람들입니다. 그것을 어찌 알았는지 요즘 아이들이 '죽을래?' 하잖아요. '죽인다'고 안 해요. 그러니까 본인이 죽을 짓을 자초해서 죽은 거죠. 사전을 찾아보면 지금도 '사역동사가 타동사형으로 된 것'으로 기재돼 있어요. 그러니까 '죽다'라는 말과 '죽이다'라는 말이 같은 말로 되어 있어요. 그런데 외국에서는 '죽다'와 '죽이다'는 전혀 다른 말입니다.

한국어의 '우리'

제가 다시 물었습니다. "우리라는 말 알아요?" 당연히 안다고 하죠. "중국어로 우리를 뭐라고 합니까? 일본어로 뭐라고 합니까?" 엄격한 의미에서 중국말과 일본말에는 1인칭 대명사의 복수형, 단수형이 없습니다.

독립선언문에 보면 '오등吾等'이라는 단어가 나옵니다. '우리는'이라는 뜻인데, 나를 의미하는 '오'에 '등' 자를 붙였잖아요. 우리 식으로 해석을 하자면 '나'에 '들'이라는 복수를 붙인 겁니다. 일본어도 마찬가지입니다. 나를 의미하는 '와레'를 두 개 붙여서 '와레와레'라고 합니다. 그러면 'We'와 'I'의 의미를 지닌 말은 한국어밖에 없구나, 생각하시겠지만 아닙니다. 우리말의 '우리'는 영어의 'We'가 아닙니다. 참 애매한 말입니다. '나'이면서 더불어 있는 것이죠. '우리 집'이라고 하잖아요. 나의 집인데 우리 집이라고 하잖아요. '우리'가 '나'라는 말로 쓰이고 '나'가 '우리'라는 말로 쓰이는 겁니다. 즉, 서양처럼 '나'가 있고 '나'들의 집합체인 우리가 있는 것이 아니라 우리가 있고 그 속에 축소된 나가 있는 것이죠. 대단히 탄력적인 말입니다.

서양에서 '우리'와 '나'는 명확하게 구별되는데, 아프리카에서는 '우리'라는 말이 두 종류가 있습니다. 말하는 사람만을 뜻하는 우리와 듣는 사람까지, 즉 화자와 청자가 포함된 우리가 있어요. 선교사들이 아프리카에 가서 실패한 가장 큰 이유가 우리라는 말을 구분해서 쓰지 않아서입니다. 아프리카 사람들을 모아놓고 '우리는 죄인입니다.' 이렇게 말하니까 다 가더라는 겁니다. '저 선교사들이 죄인이래.'라는 뜻으로 받아들인 거지요. 여기서 말하는 '우리'는 전체 인류를 얘기한 것인데, 아프리카인들은 본인들을 제외한 선교사들만의 '우리'라고 이해했기에 실패한 겁니다.

한국말을 어떻게 가르치느냐도 마찬가지일 것입니다. 한국어 사전 속 '우리'처럼 문법 학자들과 교실 속의 한국어와 실제 우리가 시장에서, 길거리에서 사용하는 살아 있는 한국어는 다르다는 겁니다. 제가 프랑스에 살 때 한국에서 배워 간 불어 때문에 고생을 했습니다. 한국에서 배울 때는 천 번 감사한다는 뜻으로 "메르시 밀 프와merci mille fois"라고 배웠습니다. 그래서 프랑스인을 만났을 때 그렇게 말하니까 저를 쳐다보면서 웃어요. 제가 파리에 있는 동안에 "메르시 밀 푸아"라는 말을 한 번도 들은 적이 없습니다. "메르시 보쿠beaucoup"

라고도 하는데, "보쿠"라는 말도 여간해서는 들은 적이 없습니다. 지금 교과서에 쓰여 있는 한국어도 죽은 한국어입니다. 표준 한국어일지는 몰라도 살아 있는 한국어가 아닌 말들을 가르치고 있는 겁니다.

한국어의 '죽다'

아까 제가 죽는다는 말을 했지 않습니까? 한국 사람처럼 죽는다는 말을 많이 쓰는 나라가 없어요. 미국에서 부부 싸움을 하다가 부인이 죽으면 고의성이 없어도 살인 혐의를 받는 가장 큰 이유가 부부 싸움할 때 서로 죽인다고 했기 때문입니다. 영어에서는 죽인다는 말을 하면 진짜 죽이는 것인데 우리는 그냥 간접 표현이잖아요. 그런데 그 사람들은 정말 죽이는 겁니다. 재판장에서도 그래요. 죽인다고 말하면서 폭행을 했느냐, 그냥 폭행을 했느냐에 따라서 일급 살인자가 될 수도 있고 그렇지 않을 수도 있습니다. 이렇게 죽인다는 말이 여간해서는 안 쓰는 말입니다. 그런데 우리나라 말에는 죽다와 대립하는 말이 없어서 그런지 죽는다는 말을 함부로 썼죠. 우리나라 사람들이 죽는다고 하는 말은 절대로 서양의 'kill'에 해당하지 않기 때문에 부부 싸움할 때도 죽인다고 하는 것이 살인죄에 적용되지는 않죠. 그 예로 한국 사람들이 얼마나 죽는다는 말을 많이 쓰냐면 시계가 고장 나면 시계 죽었다고 하잖아요. 옷에 풀을 먹였는데 그게 좀 가라앉으면 풀이 죽었다고 하죠. 이렇게 죽었다는 말은 상당히 넓은 뜻으로 쓰이는 감정 표현의 극칭어예요.

모든 극한 것은 죽는다고 합니다. 김소월의 '죽어도 아니 눈물 흘리겠다'는 것은 절대로 눈물을 안 흘리겠다는 얘기지, 죽은 뒤에도 눈물을 안 흘리겠다는 말이 아닙니다. 그런데 그걸 어떻게 번역하냐면 'If I die', '내가 죽는다고 할지라도 눈물을 흘리지 않겠다.' 이렇게 죽음을 강조하는 번역을 하면 안 된다는 겁니다. 'never'의 의미이지, 죽는다는 말과는 아무 관계가 없습니다. 그뿐 아니라 한국이라는 나라는 끝없이 어려움을 견디고 지냈기 때문에 삶보다는 죽음이 앞서요. 아주 특이한 나라입니다. 우리는 '죽기 아니면 살기'라고 하지 '살기 아니면 죽기'라고 하지 않잖아요. 그래서 햄릿의 'To be or not to be', 이 말은 사실 번역이 제대로 된 것은 아니지만 동양에 와서 죽느냐 사느냐로 번역이 됐어요. 잘

보세요. 'To be or not to be' 긍정이 앞에 오고 부정이 뒤에 오는데 우리는 햄릿 연극을 할 때 '죽느냐 사느냐 그것이 문제로다'라고 합니다. '사느냐 죽느냐 그것이 문제로다'는 어색하죠. 똑같은 말인데 서양은 긍정이 먼저 오고 부정이 오는데 우리는 부정이 먼저 오고 다음에 긍정이 오는 겁니다. 이런 것을 생각해보면 죽기 아니면 살기라든지, 죽을 고생했다든지, 무서워서 죽을 뻔했다든지, 기뻐서 죽을 뻔했다든지 극한의 언어, 최상의 언어로 죽음을 썼기 때문에 좋아서 죽고 슬퍼서 죽고 외로워서 죽고 신나서 죽어요. 그러니까 한국말의 '죽다'는 번역 불가능한 겁니다.

문화적 도구로서의 언어

말이라는 건 그 나라의 국토나 삶을 전부 합친 겁니다. 생각해보세요. 세상에는 많은 말이 있는데 가령 예를 들어서 성경은 세계 각국의 언어로 번역됐잖아요. 그런데 한국어로 번역된 성서를 보면 기독교가 일반적인 종교이면서도 성서에는 번역할 수 없는 것들이 너무 많은 겁니다. 문화가 다르니까 그중 하나가 '빵만으로는 살 수 없다'는 구절입니다. 'Men shall not be by bread' 이때 bread를 떡이라고 번역을 했습니다. 빵하고 떡하고 비슷하잖아요. 그런데 실제로 시골에서 목사님이 사람이 떡만으로는 못 산다고 예수님께서 말씀하셨다고 해보세요. 당연한 얘기인 거죠. 밥도 먹어야지, 떡만 먹고 어떻게 살겠습니까? 서양에서 'bread'라는 것은 모든 양식을 대표하는 상징이지만 우리나라에서 떡은 양식을 대표하는 게 아니죠. 제대로 번역을 하려면 '사람은 밥만 먹고 사는 게 아니다'라고 해야겠죠. 밥만 먹고 살 수 없다는 것은 물질만으로 살 수 없다는 겁니다. 그런데 밥이라고 번역하면 문제가 생겨요. 악마가 돌을 주고 밥을 만들어봐라. 아무리 악마기로서니 어떻게 돌을 가지고 밥을 만들라고 합니까? 모래 주고 만들라고 해야죠. 그러니까 성서의 사건 자체를 바꿔야 하는 거예요.

의미를 따르자면 형태가 울고, 형태를 따르자면 의미가 웁니다. 도대체 언어라는 게 무엇인가부터 이야기하면 쉽게, 재미있게 가르칠 수 있습니다. 언어는 도구적 기능이 80퍼센트이고 20퍼센트가 미적 공감을 주는 겁니다. 우리가 시詩만 가지고는 못 삽니다. 춤추는 시간과 걸어 다니는 시간 중 어느 것이 많습니까? 걸어 다니는 시간이 훨씬 많아요. 장 보러 갈 때 춤추면서 갈 수 있습니까? 춤추는 시간은 춤추는 자체가 목적입니다. 그러나 걸어가는 것은 도구입니다. 언어도 도구로 쓰이는 것이지요. 언어는 실용적인 기능과 목적이 끝나면 사라져요. 입을 다물게 됩니다. 그러나 한숨을 쉬고 독백을 하고 넋두리를 하는 것은 지칠 때까지 할 수 있습니다. 춤과 같은 겁니다. 담배 사러 간 사람은 담배 가게에서 걸음을 멈추지만 춤추는 사람은 지칠 때까지 춤을 춥니다. 그러니까 언어에도 걸어 다니는 보행의 언어가 있고 그 속에 춤추는 것 같은 언어가 있습니다. 춤이냐, 걸음이냐? 한국어는 춤과 걸음이 함께 있습니다.

문화적 언어의 번역 불가능성

전달적인 기능이 80퍼센트이기 때문에 제대로 가르치는 것도 중요합니다만, 걷는 기능보다도 춤을 출 때 느끼는 기쁨이 바로 언어의 영혼인데, 이게 전달하기가 대단히 힘듭니다. 번역할 수가 없습니다. 전달적인 부분은 번역 가능하지만

이 영혼의 부분은 번역이 안 된다는 겁니다.

제 글도 수많은 말로 번역이 됐지만 제가 읽어보면 가슴을 치고 땅을 쳐요. 그렇게 잘 쓴 글은 아니지만 내 글이 이렇게 되다니. 심지어는 오역한 글도 있습니다. 그런 프로들이 했는데도 불구하고 이상의 작품 중에 시골의 가난한 아이들이 변을 보는 장면을 점잖은 말로 뒤 본다고 했더니 서양 사람들이 이것을 'look back'으로 번역을 해놓은 겁니다. 너무 기가 막히지요. 그럼 아까 죽는다는 말을 많이 한다고 했는데, 직접 죽는다는 말의 의미로 그 말을 한다면 한국말은 야만의 말입니다. 눈물의 말이요, 비극의 말일 수밖에 없습니다. 그런데 죽음이라는 것은 최고의 것, 삶과 같은 말입니다. 정말 우리들이 삶의 기쁨을 느끼는 순간이죠.

심리학에서도 얘기하지만 죽음과 삶은 절대로 분리 안 됩니다. 최고의 삶은 최고의 죽음 앞에서 나오는 겁니다. 어떻게 우리가 죽는다는 생각 없이 삶의 기쁨을 느낄 수 있을까요? 그러니까 중세 사람들이 관 갖다 놓고 죽은 인형 갖다 놓고 그것을 보면서 오늘 하루 살아 있는 기쁨을 느끼면서 술을 마시는 게 최고의 향연이자 쾌락이었다는 것입니다. 소위 '메멘토 모리'라는 겁니다. 우리나라 말을 속되게 번역하면

야만적인 말인데, 철학적으로 생각하면 한국인들은 늘 죽음을 생각했고 삶과 죽음이 항상 함께 있었기에 가장 긴장된, 동시에 가장 초월적인 삶을 살았다는 것입니다. 기독교 신자가 일본에서는 1퍼센트밖에 안 되는데 한국에서는 50퍼센트가 나오는 이유는 바로 이 삶과 죽음에 대한 강력한 의의를 가지고 있었기 때문입니다. 죽음 앞에서 서럽지 않은 사람이 없겠지만 한국처럼 서러운 사람들이 없어요. 최근에 국수호 씨가 가야 왕국 춤극을 공연하는데 우는 장면, 사랑하는 장면보다 죽는 장면의 무용이 기가 막힙니다. 그렇게 죽음을 비통해하는 사람은 사랑이 많은 사람이요, 정이 많은 사람이요, 인간에 대한 끝없는 삶의 순수성을 가진 사람입니다. 그렇기에 죽음이 그렇게 슬픈 것이죠. 가장 아끼는 사람이 죽었을 때 그 비탄은 이루 형언할 수 없죠. 사랑하지 않는 사람의 죽음은 죽음이 아니죠. 죽음에 대한 슬픔은 사랑에 대한 강렬한 욕망이고 사랑했다는 증거입니다.

언어의 영혼

한국어를 가르친다는 것은 아까 얘기한 도구적 기능 80퍼센트를 가르치는 것이지만 20퍼센트의 영혼도 가르쳐야 한다는 겁니다. 어느 말도 전달됨으로써만 살아오지 않았고 말속에 삶과 죽음과 사랑과 드라마가 속해 있습니다.

한류가 일본을 휩쓸 때 저는 세계 각국의 쟁쟁한 교수들이 모여 있는 일본 국립 연구소에 있었습니다. 갈 때마다 사람들이 욘사마가 누구냐, 지우히메가 누구냐고 물어보는데 저는 솔직하게 그 당시에 대중문화를 잘 몰랐기 때문에 대답을 못했습니다. 그런데 알고 보니까 일본에서 지우히메, 욘사마 모르는 사람이 없는 겁니다. 유학생에게 지우히메가 누구냐고 물어보니까 일본 천황은 몰라도 지우히메, 욘사마는 다 안다는 거예요. 그래서 텔레비전을 켜봤더니 한 여자가 손을 들고 인터뷰를 하고 있었습니다. 배용준하고 악수를 한 손이어서 다른 사람 손이 닿을까 봐 손을 들고 얘기를 한다는 거예요. 배용준이 잡은 손을 다른 사람에게 잡히지 않겠다는 겁니다. 그래서 저는 참 이상한 사람이라고 생각했는데, 얘기를 들어보니까 제 생각이 전부가 아니었습니다. "나는 남편이 출세하도록 나의 청춘을 다 바쳤습니다. 10원, 20원 아끼느라고 세일하는 시간 맞춰서 자전거 타고 가서 싼값에 물건 사 오면서 남편, 아들 출세시켰더니 열두 시가 돼도 안 들어옵니다." 남편은 신주쿠에 가서 술 마시고 아들은 롯폰기에서 춤추는 그때, 40대, 50대 된 아주머니들이 남편과 아들이 들어오기를 기다리면서 유선방송을 틀어보니까 배용준, 최지우가 나오는 〈겨울연가〉가 방영 중이었습니다. 새벽 한 시에 연속극을 보는 사람들이 어떤 사람입니까? 외롭고 한 많은 여성인 거죠. 그들이 〈겨울연가〉의 배용준에게서 영락없이 첫사랑의 모습을 봤습니다. 잊고 있던 싸늘한 재 속에 아직도 타는 사랑의 불꽃을 발견한 겁니다. "누가 내 가슴을 설레게 했는가? 고이즈미 수상인가? 재벌인가? 남편인가? 애들인가? 아니다. 이 나이가 돼서 사랑이라는 것은 나에게서 멀리 사라진 말인 줄 알았는데 교복 입고 열여섯 살 때 순수한 사랑에 눈을 떴던 그 감정이 이제는 사라진 줄 알았는데 욘사마와 지우히메가 나를 일깨웠다. 가슴을 이렇게 설레게 만든 것은 그들이다."

제가 지금 한류나 배용준, 최지우 얘기하는 것이 아닙니다. 일본의 여성들이 배용준과 최지우를 통해서 첫사랑을 알고

'세상 산다는 게 별 게 아니라 저렇게 사랑하는 거지, 한 여자를 위해서 한 남자를 위해서 모든 것을 바칠 수 있다면 그것이 삶이지'라고 깨우친 그 사람들이 마지막에 무엇을 했느냐, 한국어를 배웠다 이겁니다. 일본어로 들으니 성에 안 차 저 아름다운 장면을 한국말로 좀 들어봤으면 해서, 일본의 한국어학당에 많은 사람이 들어갔습니다. 처음에는 일본말로 녹음된 DVD를 봤지만 배용준이 하는 이야기를 원본으로 듣고 싶다는 것이죠. 그게 아까 얘기한 20퍼센트의 영혼입니다. 이건 죽을 때까지 못 배우는 겁니다. 제가 문학을 하고 시를 썼지만 지금도 한국말에 숨어 있는 영혼을 다 듣지 못합니다. 우리가 평소에 필요로 하는 말들 대부분이 잘 먹었느냐, 잘 지냈느냐, 싸웠느냐, 분했느냐 따지는 말들이지 공감하고 끌어안고 함께 우는 그런 영혼의 말들을 우리는 하루에 몇 초나 가질 수 있겠습니까? 어쩌다가 영화를 봤을 때, 드라마를 봤을 때, 멋진 시를 봤을 때 그때 비로소 조금 알게 되는 것입니다. 이렇게 말 속에 담겨 있는 영혼의 감동, 자력이라는 것은 엄청난 것입니다.

한국어의 '먹다'

저는 사실 이 나이가 되면서도 한국어의 '먹다'라는 말을 아주 싫어했던 사람입니다. 제 글을 읽어보신 분들은 기억하실지도 모르지만 한국이 먹는다는 말을 이렇게 많이 쓰는 한미래는 없다고 생각했습니다. 우리는 실제로 먹는 것만 먹는다고 표현하지 않고 나이도 먹는다고 하고 욕도 먹는다고 하고 전부 먹는다고 합니다. 심지어 시계에 약 넣는 것도 밥 먹인다고 합니다. 영어, 일어, 중국어 어느 언어가 우리처럼 먹는다는 말을 많이 씁니까? 낭만적이고 영적인 감동의 세계, 문학의 세계를 하는 사람에게 먹는다는 말처럼 추악한 것이 없습니다. 그래서 저는 참 먹는다는 말을 싫어했는데 이제는 그 말이 얼마나 아름다운지 느끼고 있습니다.

예수님께서 이 세상을 떠날 때 마지막 제자들과 나눈 것은 먹는 것이었습니다. 빵을 주면서 "이게 내 살이다." 포도주를 주면서 "이게 내 피다. 나를 통째로 먹어라."라고 하셨습니다. 먹는다는 것은 이렇게 네가 내가 되는 것, 영혼이 하나가 되는 것입니다. 본다는 것도 바깥에 있고 듣는다는 것도 바깥에 있고 냄새 맡는 것도 바깥에 있는데, 먹는다는 것은 그것이 내 안으로 들어오는 겁니다. 먹으면 없어지는 겁니다.

그래서 전 세계에 사랑에 대한 말은 80퍼센트가 먹는 겁니다. 서양 사람들이 남편 부를 때 'honey'라고 하죠? 그게 꿀인데 남편 먹겠다는 말입니까? 한국은 말할 것도 없어요. 사람 보고 '싱거운 놈', '짠 놈'이라고 하죠. 한국 사람들이 그렇게 늘 배고팠던 민족이고 먹는 것이 시시절절했는데 그 먹는 것을 형이상학적 언어로 만든 민족입니다. 요즘 애들 보세요. 요즘 애들은 감동했다고 안 합니다. '감동 먹었다'고 합니다. 남들은 얼마나 가난했으면 모든 것을 먹는다고 할까 하는데 먹을 것이 이렇게 풍요로워진 지금의 애들이 먹는다는 말을 쓴다는 겁니다.

월드컵에서 점수를 잃었을 때 전 세계적으로 '한 점을 잃었다'고 하는데 한국만이 '골을 먹었다'고 말합니다. 유치원에 가면 지금도 먹는 것으로 가르쳐요. 사과 열 개에서 세 개를 먹으면 몇 개가 남느냐고 아이들에게 물어보니까 한 아이가 자꾸 세 개라고 하는 겁니다. 그래서 선생님이 세 개를 먹었는데 어떻게 세 개가 남느냐고 하니까 "우리 엄마가 먹는 게 남는 거래요." 이렇게 대답을 하는 겁니다. 우리는 먹는 게 남는다고 말하는 사람들입니다.

그래서 평소에 먹는다는 말을 그렇게 많이 쓰면서 먹는다는 말의 뜻을 제대로 이해하셨는가 하는 겁니다. 저 또한 먹는다는 말을 얼마나 몰랐습니까? 사실 저의 집에 살림을 봐주시는 할머니가 계시는데 이 할머니께 한국의 토박이말이 아름답다는 것을 배웠습니다. 그중에서 제가 못 잊는 것은 외국 사람이 오면 커피를 철철 넘치게 떠 와요. 그걸 가지고 방까지 들어오면 전부 넘쳐서 스푼이고 뭐고 엉망이 됩니다. 그래서 할머니께 잔이 넘치지 않게 떠 오시라고 했죠. 그랬더니 할머니께서 저를 아주 슬픈 얼굴로 바라보면서 사람이 먹는 것 가지고 그러는 거 아니라고 하시는 겁니다. 할머니에게 철철 넘치는 것이 먹는 것은 아니라 마음이라는 겁니다.

한국어의 순환 구조

언어는 무기나 돈보다도 강력한 힘으로, 인류를 지금까지 생존시켜온 귀중한 하나의 DNA로서 우리 가슴과 머릿속에 들어 있습니다. 지금 그걸 한국을 모르는 세계의 모든 사람에게 가르치는 것입니다. 한국인과 똑같은 마음, 한국인이 사천 년 동안 어려움 속에서 살아왔던 그 정신이 바로 우리의 정신임을 가르치는 것이 한국어 교육의 의의입니다. 전 세계를 지배하는 영어, 한때 지배했던 프랑스어를 배우는 것과 한국어를 배우는 것은 다릅니다. 우리는 우리의 작은 소망과 사천 년 살아왔던 지혜를 서로 나누는 것이죠.

한글날 되면 한글의 우수함에 대해서 이야기하죠? 한글이 유일한 조립어라고 합니다만 전부 거짓말입니다. 한자는 조립어가 아닙니까? 변, 부 몇 개 가지고 천 개의 자를 만듭니다. 상형문자로 그린 것이 아닙니다. 아마도 한글도 그것을 보고 배웠겠지요. 문자文字에서 독립된 글자를 문文이라고 하고 파생된 글자를 자字라고 하는 겁니다. 사람 인人은 하나로 독립되어 있으니까 문文이고 사람 인에 두 이二 자가 붙은 어질 인仁은 자字가 되는 겁니다.

한글의 우수성은 조립문자에 있는 것이 아닙니다. 한자도 몇 개 안 되는 글자로 수천 개, 수만 개를 만들었습니다. 조립문자는 자랑이 아닙니다. 진짜 한국어가 대단한 것은 'ㅗ'자 하나를 돌리면 'ㅗ'가 'ㅏ'가 되고, 'ㅏ'가 'ㅜ'가 되고, 'ㅜ'가 'ㅓ'가 되니까 글자 하나가 네 가지 말이 되는 겁니다. 길에 'ㅗ'가 떨어져 있으면 어떻게 읽어야 합니까? 세상에 'ㅗ'라는 글자는 존재하지 않는 겁니다. 위치만이 존재하는 거죠. 청룡열차와 비슷해요. 위치에너지는 엔진이 없어요. 실체가 아닙니다. 그러니까 'ㅗ'를 뒤집으면 'ㅜ'가 되니까 'ㅗ'는 'ㅜ'하고 대응되고 'ㅏ'는 'ㅓ'하고 대응되니까 콜콜, 쿨쿨, 깔깔하다, 껄껄하다, 이렇게 대응되는 겁니다. 뱅글뱅글 돕니다. 봄이 여름이 되고, 여름이 가을이 되는 것과 마찬가지입니다. 계절처럼 한글도 순환 구조로 만들어져 있습니다. 음양 오행의 원리로 글자를 만들었기 때문에 이런 문자는 전 세계에 없습니다. '문' 자를 거꾸로 보면 '곰' 자가 됩니다. 이쪽에서 보면 '곰'이고 저쪽에서 보면 '문'이 됩니다. 이런 문자가 없다는 겁니다. 조립문자는 어디든지 있습니다. 그러니까 우리가 한글의 위대함을 알고 있는지 돌아봐야 합니다. 봄, 여름, 가을, 겨울 사계절이 하나이듯이 한글도 한 글자가 위치에 따라 여러 개가 됩니다.

살아 있는 자들을 위한 생성 문자

홍동백서라고 위치에 따라 제사를 지냈던 것처럼 글자의

위치를 의미의 분절로 삼죠. 한글은 여기서 볼 때, 저기서 볼 때 서로 다릅니다. 'ㄱ'도 'ㄴ'으로 보입니다. 우주 현상의 변화처럼 존재하는 것이 아니라 생성되는 글자입니다. 지금도 한글은 위치에 따라서 생성되고 있습니다. 생성 문자이지요.

　이런 것들을 우리가 알고 가르치면 배우는 사람들이 참 재미있게 익힐 수 있습니다. 우리가 전달해야 할 잠자는 영혼들이 있습니다. 사천 년이나 잠들어 있던 한국의 문화를, 한국의 언어를, 한국의 문자를 우리가 일깨우는 것입니다. 한국인을 위해서가 아니라 살아 있는 사람들을 위해서 말이죠.

사람들은 아르키메데스가 부력의 원리를 발견하고

벌거벗고 뛰어다녔다는 얘기만 알지 왜 목욕탕인지는
생각하지 못합니다.

창조가 일어나는 장소가 있고
창조를 해낸 기쁨이 있습니다.

정말 발가벗고 뛸 수 있는 발견을 했을 때
웃통 벗고 뛰어나오는 사람이 있다면

우리나라는 절대로 어느 나라에도 뒤지지 않습니다.

4

창조는 어떻게 모순을 화합하고 불가능의 벽을 넘는가

창조, 어제를 바꾸는 내일의 힘

저는 오늘 창조형 CEO에 대해 이야기하고자 합니다. 새로운 창조적 원동력, 창조적인 방법론, 창조적인 실천력으로 어제까지 해오던 것을 내일 바로 달라지게 하는 것, 어제까지 하던 일을 내일 새롭게 시작하는 게 창조입니다. 성경에도 어둠과 빛이 함께 있다가 둘로 분할되는 순간 천지가 창조됩니다. 이렇듯 의식 속에서 무엇인가가 분할되면 내일부터라도 얼마든지 달라질 수 있습니다.

제가 여기서 큰소리칠 형편은 아닙니다만, 나로호 발사하는 것을 다 지켜보셨을 겁니다. 그때 온 국민이 어떤 반응을 보였을까요? 모두의 관심은 나로호가 궤도에 진입하느냐, 1단계, 2단계, 3단계가 제대로 점화돼서 우리나라도 처음으로 우주의 역사에 동참하느냐는 것이었죠. 그런데 전 국민이 똑같은 반응을 한 건 아닙니다. 99퍼센트는 텔레비전 앞에 앉아 같이 카운트다운을 하며 박수 치고 점화돼 올라갔을 때 "와" 했다가, 한 시간 뒤에는 함성이 한숨으로 바뀌었습니다. 이게 우리가 경험한 나로호 이야기입니다.

창조적 삶과 비창조적 삶

제가 말하려는 '창조'는 어마어마한 천지창조도, 우주선을 쏘는 과학 발명도 아닙니다. 나로호 발사라는 같은 사건을 어떻게 보고 느꼈느냐 하는, 우리 마음속의 작은 차이에서 창조적 삶과 비창조적 삶이 나뉜다는 것입니다. 서울에 어린 아이들 그림 그리는 사설 강습소가 있습니다. 그 관계자분께 한마디 딱 일러줬어요. "오늘 나로호 발사한다. 그냥 박수만 치지 마라. 아이들이 그림을 그리는 것은 꿈을 그리기 위한 것 아니냐. 나로호 발사할 때 아이들을 모아놓고 발사하는 것을 함께 보고 박수 치고 나면, 궤도에 진입했건 안 했건 아이들의 감동을 그림으로 그려보게 해라"라고요. 한국의 모든 아이가 나로호가 발사된 후에 똑같이 박수 치고 좋아했지만 그 미술 강습소 아이들은 다른 아이들하고 달랐어요. 그 감동을 그림으로 그렸으니까요. 이게 창조입니다.

똑같은 체험을 했대도 그냥 박수 치고 만 사람과 상상하면서 종이 위에다가 나로호 날아가는 것을 그린 사람은 다릅니다. 나로호 결과가 어떻게 됐습니까? 궤도 진입에 실패했죠? 창조학교에 다음과 같이 쓴 적이 있습니다.

"한순간, 온 민족이 함성을 질렀지만 한 시간 내에 한숨으로 바뀌었다. 궤도 진입에 실패한 것이다. 그러나 그것을 보고 그림을 그린 창조학교 어린이들에게 나로호는 힘차게 궤도를 돌고 있다. 창조와 꿈의 세계에서는 실패란 존재하지 않는다."

평생에 한 번 겪은 일을 그림으로 그린 아이들과 박수만 친 아이들은 일생이 달라진다는 뜻이지요.

그 감동을 그리니 여러 그림이 나왔습니다. 그중 저도 놀란 게, 아이들이 '나로야, 나로야 힘내'라고 써놓았더라고요. 저는 어마어마한 과학기술로 만든 나로호를 보면서 한 번도 '나로야'라고 이웃 사람 부르듯이 부를 생각은 못 했어요. 돈 이 얼마 들었는지 어떤 기술이 필요한지 아무것도 모르는 아 이들이 접어 날린 종이비행기가, 만화에서 은하 철도가 은하 계로 날아가는 것과 같았던 거죠. 궤도에 진입했더라면 얼마 나 아이들이 더 좋은 기억을 가졌을까. 그러나 아이들이 '나 로야'라고 부르는 한 그 인공위성은 살아서 그들의 마음속에 서 지구 궤도에 진입한 것입니다. 틀림없이 그 아이들의 종 이비행기는 20년, 30년 후에 은하계를 나는 우주 로켓이 될 수 있습니다.

실험에는 실패가 없다

하지만 대부분의 사람은 박수 치고 한숨 쉬고 그만두고 싸 움만 합니다. 나로호의 궤도 진입은 실패했지만, 선진국도 지 금까지 평균 30퍼센트가 실패했습니다. 지금도 30퍼센트 가 까이는 고장 나는 것이 보통이라는 거죠. 그러니까 아이들에 게 용기를 줄 수 있는 겁니다. 원래는 궤도에 진입하는 것이 성공이지만 진입하는 데 실패했다고 할지라도 만드는 과정에서 여러 가지 합금하는 방법, 고정 연료 관련 기술, 기상 측정 방법 등 수없는 과학기술이 모입니다. 그렇기에 단순히 궤도에 진입했다, 아니다가 아니라 이것을 만든 것 자체로 한국의 연계된 과학기술 전체가 업그레이드되고 많은 파급 효과가 있다는 것이지요. 이것을 전문용어로 운석 효과, 별똥 효과라고 합니다.

평생 2천여 개의 발명품을 만들어낸 에디슨은 백열전구 하나 만드는 데 6천 개의 소재를 실험했습니다. 처음은 실에다가 얼음을 묻혀서 전기를 흘려봤더니 조금 반짝거리다가 금세 꺼졌습니다. 필라멘트를 뭘 쓰면 좋을까, 하나씩 실험해본 겁니다. 그중 가장 튼튼한 것이 대나무라는 것을 알고 대나무로도 실험을 했는데 가장 내구성 있었던 것이 일본 교토 근방에 있는 야와타八幡의 대나무였습니다. 그것으로 결국 세계 최초의 백열전구가 만들어집니다. 한 사람이 그에게 물었어요.

"백열전구를 만드는 데 몇 번이나 실패했습니까?"

그러자 에디슨은 이렇게 답했습니다.

"나는 한 번도 실패한 적이 없습니다. 실험에는 실패라는 게 없습니다. 효과 없는 방법을 알아내는 데 성공한 것입니다."

실험을 할 때 두려워하지 말라는 이야기입니다. 실패하더라도 남들은 하지 않는 일을 해보라는는 것입니다. 그것만으로 우리는 성공하는 것입니다.

창조가 일어나는 곳, 창조의 기쁨

구글은 세계에서 가장 창조적인 일을 많이 하는 회사입니다. 이 사람들은 '카오스chaos 경영'을 합니다. 애덤 스미스가 수백만 불을 손해 봤어요. 회장에게 찾아가서 엄청난 손해를 끼쳐서 죄송하다고 하니까 회장이 화내지도 않고 고맙다고 합니다. 그래서 놀리는 줄 알고 화를 냈더니 회장이 이렇게 말합니다.

"사람들은 전부 수익을 내려고 안전타만 친다. 손해를 각오하고 새로운 일을 저지르는 사람이 없는데 당신은 모험해서 손해났잖아. 흑자 내는 데에만 급급한 꿈 없는 CEO들보다는 당신이 훨씬 낫다."

창조적인 CEO의 조건

알다시피 구글은 업무 시간 중에 20퍼센트의 노는 시간을 줍니다. 거기서 창조적인 것이 나오죠. 빡빡하게 전부 일만 하면 창조적인 것이 나올 리 없습니다. 아르키메데스가 어디서 유레카를 외칩니까? 목욕탕에서 외칩니다. 목욕탕은 일하는 곳이 아닙니다. 연구실에 파묻혀 있어도 떠오르는 게 없다가 목욕탕에서 편안하게 긴장을 풀고 있을 때 갑자기 생각이 난 겁니다. 오죽 발견이 즐거웠으면 발가벗고 뛰었겠어요. 사람들은 아르키메데스가 부력의 원리를 발견하고 벌거벗고 뛰어다녔다는 얘기만 알지 왜 목욕탕인지는 생각하지 못합니다.

창조가 일어나는 장소가 있고 창조를 해낸 기쁨이 있습니다. 정말 발가벗고 뛸 수 있는 발견을 했을 때 웃통 벗고 뛰어나오는 사람이 있다면 우리나라는 절대로 어느 나라에도 뒤지지 않습니다. 어느 날 아르키메데스처럼 맨발로 박차고 뛰어나오는 날, 너무 기뻐서 주위를 신경도 안 쓰고 유레카를 외치면서 뛰어나오는 사람이 단 한 명만 있어도 우리나라는 앞으로 미래가 있는 것입니다.

창조의 1단계, '말'부터 바꾸라

혹시 나로호라는 이름을 보고 이름을 잘 지었네, 못 지었네 생각해보신 분 계십니까? 우주 발사 기지가 '외나로도'라는 섬에 있지 않습니까. 나로호라는 이름에 관심을 갖고 외지인 섬에, 외나로도 지역에 관심을 기울이셨던 분 있으면 손 들어보세요. 창조의 1단계 로켓은 '말에 신경 써라'입니다. 오바마가 어떻게 대통령이 되었습니까? 민주당 전당 대회의 무명 후보였는데 연설을 워낙 기가 막히게 해서 유명해집니다. 우리는 말 잘하면 입만 번지르르하다고 하지만 창조의 1단계는 '말'입니다. 제가 지방에서 행사할 때마다 느끼는 것은 따분하고 졸리고 상투적인 연설을 한다는 겁니다. 그 귀중한 시간에 시민들 모아놓고 하는 연설을 들어보면 다 똑같습니다. 이야기로 빠져들게 만드는 내용 없이 똑같은 말을 여러 명이 합니다. 그거 들으면 더 이상 뭘 하고 싶지도 않고 사람들이 전부 녹초가 됩니다. 우리 초등학교 다닐 때 제일 재미없는 게 교장 선생님 훈화였지 않습니까? 그런 말을 왜 하는 걸까요?

세계를 움직이고 탄도탄을 돌린 '말의 힘'

먼저 한국 사람들이 말을 어떻게 대하는지 말해볼게요. 창조의 1단계는 말에서 시작합니다. 소위 '언어의 힘'인 거죠. 옛날에는 돈의 힘, 칼의 힘, 권력의 힘이었는데 요즘은 말의 힘, 즉 워드 파워word power라고들 합니다. 이것이 소프트 파워Soft power입니다. 사람의 마음을 사로잡고 매력적으로 보이기 위해서는 돈과 칼로는 안 됩니다. 돈과 칼은 억지로 굴복시키는 것이지 자진해서 굴복시키지 않습니다. 그러나 말은 상대방을 스스로 무릎 꿇게 합니다. 소프트 파워가 돈이나 칼 등 하드 파워hard power보다 나은 것이지요. 소프트 파워의 가장 대표적인 것이 워드 파워입니다.

모럴 폴리틱스moral politics, 리얼 폴리틱스real politics, 파워 폴리틱스power politics 이런 말들이 있습니다만, 요즘은 워드 폴리틱스word politics라는 말을 씁니다. 오바마, 링컨, 케네디, 루스벨트, 처칠 등 역대 대통령 중에 이름난 사람들은 전부 워드 파워를 썼습니다. 말로 감동을 주어서 국민을 일으켜 세우는 겁니다.

링컨의 그 유명한 "사람의, 사람에 의한, 사람을 위한 정부

government of the people, by the people, for the people"라는 말을 모르는 사람이 없죠. 이 말을 링컨이 지어냈을까요? 링컨의 말이 아닙니다. 1830년, 미국 상원에서 열린 대니얼 웹스터Daniel Webster의 노예제 반대 연설을 링컨이 인용한 것입니다. 똑같은 말이어도 링컨이 게티즈버그에서 했기 때문에 겨우 2분간의 연설이 전 세계를 움직였습니다. 이처럼 비용이 싸고 오래가는 장사는 이 세상에 없습니다. 말 장사가 최고입니다.

1946년 처칠이 미국에 와 연설을 할 때 소련을 '철의 장막iron curtain'이라고 했어요. 이 한마디 말이 몇 사단을 공세하는 위력을 가지고 냉전 치하에 자유 진영이 민주화되지 못한 나라에 대해 얼마나 많은 선전 구호로 썼습니까? 말 한마디가 엄청난 미사일보다 큰 힘을 발휘한 겁니다. 사실 철의 장막 연설도 처칠이 한 말이 아닙니다. 1920년대 스노우든Snowden이라는 외교관 부인이 소비에트를 지나면서 "소비에트는 아직도 우리에게는 철의 커튼입니다"라고 했습니다. 철의 커튼은 본래 연극 무대에 불이 나면 무대를 분리하기 위해 만든 것입니다. 그런데 처칠의 이 한마디 말이 동서 냉전에 엄청난 힘을 발휘합니다.

케네디 대통령 시절, 러시아가 탄도탄을 장치하고 다가오는데 이걸 미국에서 막았습니다. 당시 사람들이 3차 대전이 일어나겠다, 핵전쟁이 오겠다고 생각했을 때 케네디의 연설문이 그 상황을 막습니다. '위기'. 영어로 crisis. 위기는 영어로 위기라는 뜻밖에 없지만 한자로 쓰면 危crisis 機opportunity가 됩니다. 즉 "위기는 곧 기회가 되는 것이다. 오늘 우리의 난국이 오히려 러시아를 제패할 수 있는 호기다"라고 말한 거지요. 위험한 것을 기회로 돌려놓는, 부정을 긍정으로 옮기는 그 말 한마디가 전 미국 사람에게 희망을 주었고 그래서 미국이 단결하니까 러시아에서 당황합니다. 의견 많고 분열 심한 민주주의 국가에서 다 함께 전쟁을 거부하고 케네디를 따르게 만든 연설, 그 명연설이 결과적으로 3차 대전을 피하고 탄도탄을 회항시키는 힘이 된 것입니다.

우리는 말의 창조력을 아직도 잘 모른다

이것이 말의 힘인데 우리는 이를 제대로 쓰지 못하고 있습니다. 작은 고장일수록 구민들이나 시민들에게는 시장, 구청장의 말이 화제가 됩니다. 회자되는 유행어 하나라도 만들면 시장으로서 성공한 것입니다. 그리고 지역 정치인들이 이제는 중앙 무대에서 대통령도 될 수 있는 것입니다.

오바마를 보십시오. 흑인 1호, 당 조직도 없고 아무것도 없던 사람이 어떻게 대통령이 되었습니까? "Yes, we can!" "Change!" 아주 단순한 말로 된 것입니다. 말의 힘은 미사여구에서 나오는 것이 아닙니다. 간단한 문장, 어려운 말이 아닌 보통 말, 가장 기억에 남는 것을 되풀이하는 몇 가지 원칙만 지켜도 구민들과 시민들은 가슴이 뛰고 시장, 구청장의 이야기에 비전이 있다고 느낄 것입니다. 그런 시장이 된다면, 모든 사람이 시정에 참여합니다.

그런데 우리는 실제로 어떻게 하고 있습니까? 말의 가치를 전혀 모르고 있습니다. 예를 들어 우리는 유교 문화권이었기 때문에 옛날부터 말을 많이 하지 않는 것을 미덕으로 여겼습니다. 성경을 보면 "진실로, 진실로 너에게 이르노니" 하면서 예수도 수식을 합니다. 이와 달리 우리는 "공자 왈" 하면 그만이지요. 우리는 진실이면 통한다고 여겼고 수다스럽게 이야기하는 것을 싫어했습니다. 그래서 말의 창조력을 몰랐죠.

고속도로 휴게소도 특성이 하나도 없습니다. 그 지역의 유명한 사람들의 이름을 휴게소에 붙여서 그 지역 출신임을 나타내기만 해도 좋은데 그런 게 하나도 없습니다. 하다못해 화장실에다가 근처에 있는 문화 유적이라도 안내해놓으면 좋은데 이상한 그림 같은 것만 붙이고 깨끗한 공중화장실이 아니라 아름다운 공중화장실을 만들면 그 지역이 바뀐다고 떠듭니다.

일본은 어떻게 합니까? 일본에서「아카톤보紅とんぼ」라는 부르는 유명한 노래가 있어요. 그 노래를 작곡한 사람의 고장이 60리쯤 떨어져 있는데도 그 휴게소의 이름을 '아카톤보'라고 이름을 붙였습니다. 지나가다가 휴게소에 들르면,「아카톤보」를 작사한 사람이 이 고장 사람이라는 것을 알게 되는 겁니다. 기념관 100개 세우는 것보다 사람들 많은 곳에다가 이 고장에서 기념할 만한 사람을 기억하게 하는 것 몇 개 만드는 편이 훨씬 효과적인 것입니다.

돈 들이지 않는 '창조의 머리'를 굴려라

이번에는 말의 창조를 예를 들어보겠습니다. '님'이 '남'이 되고 '남'이 '님'이 되는 것은 현실로서는 대단히 어려워요.

그런데 말에서는 점 하나를 찍으면 '님'이 '남'이 되고 '남'이 '님'이 되는 거예요. 따라서 말을 바꾸기가 제일 쉽고 창조의 원동력이라는 겁니다. 이를테면 제가 1988년 올림픽을 총괄 기획하고 지금까지도 회자되는 점은 '벽을 넘어서'라는 구호를 만든 것입니다. 다른 올림픽에서도 늘 쓰던 진보와 조화라는 말을 썼다면 세계는 서울 올림픽을 잊어버렸을 것입니다. 그러나 우리는 분단국가 아닙니까? '이념의 벽, 남녀의 벽, 동서의 벽, 빈부의 벽. 이것을 넘지 않고는 서울 올림픽에 오지 못한다, 서울 올림픽은 인류를 막고 있는 무수한 벽을 넘는 것이다' 하는 의미로 '벽을 넘어서'라는 구호를 만들었지요. 서울 올림픽에서 수많은 돈을 들여 만든 다른 무엇보다 '벽을 넘어서'라는 구호 하나가 전 세계를 어필했고 '손에 손잡고 벽을 넘어서'라는 말 덕에 모두가 서울 올림픽 노래를 부르며 장벽을 무너뜨린 겁니다.

이 전부가 돈 한 푼 안 들인 일들입니다. 돈 들이면 창조가 아닙니다. 창조는 인간의 머리가 하는 일입니다. 서울 올림픽 때 제일 돈을 안 들인 게 '벽을 넘어서'와 굴렁쇠였습니다. 굴렁쇠 소년은 독일의 바덴바덴에서 서울이 올림픽 개최지로 선정됐던 1981년에 태어난 아이입니다. 한국은 한국전쟁 때 어린아이들이 깡통 들고 울고 있는 사진을 전 세계에 보내 전쟁의 나라, 고아의 나라임을 알림으로써 구호품을 받았죠. 이를 씻어내지 않으면 한국 이미지가 절대 바뀌지 않을 것이라고 저는 생각했습니다. 그래서 전쟁 때 태어난 아이가 아니라 서울을 올림픽 개최지로 정한 그 순간에 태어난 아이를 뽑아 굴렁쇠를 굴리게 한 겁니다. 최초의 그리스 올림픽 이후 역대 올림픽 역사상 처음으로 그 넓은 운동장에 어린아이가 혼자 나와서 굴렁쇠를 굴렸죠.

여기까지 돈은 한 푼도 안 들였습니다. 그런데 어린아이가 굴렁쇠 굴린다고 하니 디자이너들이 요란한 옷을 만든 거예요. 저는 집에서 입는 편한 옷차림으로 있는 그대로 등장해야 한다고 주장했습니다. 그렇게 굴렁쇠 소년이 탄생했습니다.

창조를 받아들였을 때 일어나는 깨진 창문의 효과

제가 만든 창조학교의 도메인www.k-changeo.org을 살펴보면 '체인지change'에다가 'o' 자가 붙었어요. '올드old를 바꾸라'는 뜻으로 생각할지 모르지만, 한글로 보세요. 체인지 - 오changeo

는 그대로 읽으면 창조가 됩니다. 그러니까 도메인 이름이 영어도 아니고 한글도 아닙니다. 우리말로 읽으면 창조요, 영어로 읽으면 체인지 오입니다. 이것도 제가 만든 겁니다. 체인지 오, 올드한 것을 바꿔라, 서양 동양 다 바꿔라 같은 뜻도 되고 우리나라 말로 읽으면 창조라는 말도 되는 거죠.

돈 주고 하는 게 아니라 인간의 머리에서 하는 것이 바로 창조입니다. 그 창조의 머리는 수두룩하게 많은데 알아주는 사람이 없습니다. 서울에서 미시령 넘어가보세요. 아름다운 자연 속에 인간들이 만든 가로등은 보기 싫죠. 이것저것 붙이고 붙일수록 손해나는 겁니다. 이탈리아에 한번 가보세요. 가로등 선이 참 아름답습니다. 그 선을 보면서 사람들이 이탈리아에 온 것에 감격합니다. 그런데 우리나라는 뭐가 많이 붙은 게 좋다고 생각하고, 디자인하라고 하면 뭐든지 붙이는 겁니다. 파란 자연의 색깔이 있는데 왜 거기다가 푸른색을 칠합니까? 초록색과 안 어울리지 않습니까? 시장들이나 군수들이 색채 감각, 디자인 감각, 언어 감각을 가지면 한국이 달라집니다. 우리들에게는 내일이라도 이런 것들을 곧장 바꿀 힘이 있습니다.

초록색, 파란색 일색인 시청과 군청에 가보면 시장이나 군

수, 구청장 책상 90퍼센트가 초록색 천 깔고 유리 씌워놨을 겁니다. 서양에는 목축업 전통이 있었고, 잔디에서 골프 치고 공 차는 잔디 문화이기 때문에 실내 스포츠를 할 때도 초록색 펠트를 깔았습니다. 당구대, 탁구대, 농구대 전부 초록색 펠트를 깔았죠. 그걸 일본 사람들이 보고 대단히 근대적이고 고급스럽다며 쓰기 시작한 겁니다. 저는 장관 시절 문화부에 가자마자 그 초록색 펠트를 다 없애버렸습니다.

루돌프 줄리아니Rudolph Giuliani가 뉴욕 시장 되자마자 한 일이 뭡니까? 지하철의 낙서를 지우는 일이었습니다. 살인 건수, 절도범이 증가하고 할 일이 많은 상황의 뉴욕이었는데 시장이 되어 처음 한 일이 지하철 낙서를 지우는 일이었으니, 사람들이 다 욕했지만 흔들리지 않았습니다. 한 달이 지나자 지하철 벽이 깨끗해지고 사람들은 좋아했습니다. 줄리아니는 '깨진 유리창 이론'을 적극적으로 활용해 뉴욕의 범죄율을 크게 감소시켰습니다. 지하철 하나가 바뀜으로써 미국의 치안 환경도 전체적으로 달라지기 시작했죠.

창조는 고정관념을 깨는 데서 시작된다

우리나라 회양목 많습니다. 그런데 이 회양목을 다듬는 데 돈이 많이 드니까 모양도 보기 싫게 아무렇게나 잘라놓았습니다. 군청, 시청 어디를 가도 회양목이 있습니다. 일본 사람들은 일자리가 없는 장애인들에게 일자리를 주려고 회양목을 심고 다듬었지만, 한국은 자연 그대로 키울 뿐 절대 나무에다가 손 안 댔습니다. 그런데도 시청이나 구청에 의례적으로 회양목을 심는 겁니다. 우리가 회양목만 뽑아내도 예산이 줄어들고 아름다워집니다. 예산 안 쓰고 할 일이 너무 많습니다. 저는 어느 시장에게 그랬습니다.

"좋은 아이디어를 드릴까요? 여기 가드닝하는 데 돈 얼마나 듭니까? 그거 한 푼도 들이지 말고 인터넷에다가 시민들에게 10평씩 나눠준다고 하십시오. 거기다가 다양한 꽃밭으로 경쟁하게 만들어서 제일 예쁘게 정원을 가꾼 사람에게 상을 주십시오. 뭐 하러 돈 들입니까? 예산 안 들이고 아름다운 꽃밭 만들고 시민들 참여시킬 수 있습니다."

놀라운 것은 그런 아이디어를 줬는데 전혀 실행하지 않았다는 겁니다. 아까 말씀드린 1터널, 2터널, 3터널을 백자, 청자, 분청 터널로 바꾸자는 것은 텔레비전에서도 이야기하고 글로도 썼는데 아직도 바뀌지 않아서 제가 물어봤어요. "왜 그게 안 고쳐지죠?" 그랬더니 행정적으로 안 된다는 겁니다. 이미 1터널, 2터널, 3터널 해놨는데 그걸 고치려면 모든 서류가 달라지는지라 어렵다고 하더군요. 그럴 땐 1터널, 2터널, 2터널 놔두고 양해를 얻어 청자 구워서 청자를 붙이고, 분청 사기 구워서 분청을 붙이고, 백자를 구워 붙이면 되는 겁니다. 그것도 못 붙입니까? 그러면 1, 2, 3 이름 그대로 유지하면서도 백자, 청자, 분청 붙을 수 있다는 겁니다. 안 되면 되도록 만드는 것이 융통성이에요. "Yes, we can", 이게 긍정적 사고죠. 긍정의 힘입니다. 부정적인 것이 몸에 밴 사람들은 "Yes, we can"이라고 말하지 못합니다.

창조의 2단계, 부정을 긍정으로 바꾸는 전략

'벽을 넘어서'라는 구호를 제시했을 때 반대한 사람들을 어떻게 우리 편으로 끌어올 수 있는가, 이런 고민이 창조형 CEO들이 하는 일입니다. 말에 신경 쓰기 시작한 1단계에 이어 창조의 2단계 로켓, 3단계 로켓은 말의 힘을 실천으로 옮길 수 있는 방도로 고정관념을 부수고 부정적인 생각을 긍정적인 생각으로 고치는 겁니다.

그럼 어떻게 고치느냐. 유토피아는 아무 데도 없는 곳이죠. No where라는 말은 아무 데도 없다는 뜻이죠? 그런데 어떤 소설가는 No where의 w를 No 뒤에다 붙였어요. Now here. 아무 데도 없는 게 아니라 지금 여기 있다는 거죠. 바로 이것이 우리가 앞으로 행정을 하는 데 써야 할 전략입니다.

창조형 CEO들이 어떤 일을 했는지 실례를 들어 말씀드리겠습니다. 이참 한국관광공사 사장의 친구가 아프리카에 유학생으로 가서 백만장자가 됐습니다. 어떻게 그럴 수 있었을까요? 이 사람이 마사이에서 시골 농부들을 보니까 맨발로 일하는데 걸음걸이가 이상한 겁니다. 그래서 그 지점에 주목해 신발 벗은 사람과 신발 신은 사람의 걸음걸이를 연구해서 '마사이 워킹 슈즈'를 만들어 떼돈을 벌었습니다.

또 하나, 유명한 얘기가 있어요. 어느 신발 회사에서 신발을 팔라고 두 직원을 아프리카로 보냈습니다. 그런데 둘 중 한 직원이 전보를 쳤어요.

"아프리카 사람들은 신발을 안 신어서 시장이 없습니다.

신발 보내지 마세요. 돌아가겠습니다."

이때 다른 한 직원은 이렇게 말했어요.

"아프리카 사람들은 신발을 안 신고 다닙니다. 그래서 많이 팔 수 있을 것으로 보입니다. 빨리 신발을 보내주십시오."

똑같은 현장을 놓고 한 사람은 부정적으로 보고 한 사람은 긍정적으로 본 겁니다. 진짜 창조적인 사람은 신발을 팔라고 했을 때, 신발 안 신는 사람한테서 거꾸로 새 신발을 만들어 오는 사람입니다.

글이나 쓰는 사람이 뭐 저런 말을 하느냐 하시겠지만, 제가 창조학교 만들 때도 시나 쓰지 무슨 학교를 만드느냐고 사람들이 그랬습니다. 존 코터John. P. Kotter라는 사람이 한 말이 있습니다.

"정말 비전이 있고 하고 싶은 일이 있고 사회를 바꾸고 싶고 먼 미래를 보고 싶다면 지금 당장, 단기간에 가능한 무언가를 성공시켜라. 그러면 사람들이 당신을 쫓아온다. 그걸 발판 삼아서 큰 것을 바꿔라."

저도 그렇게 했습니다. 창조학교 오프닝 때 오리온 제과에 전화를 걸어서 기막힌 아이디어를 하나 줄 테니 만들어보라고 했습니다. 풍선껌은 젊은이들이 주로 씹는 것이지요? 그런데 의학적으로 껌이 필요한 사람은 젊은이보다는 노인입니다. 껌을 씹음으로써 피가 뇌로 들어가는 순환 작용을 해주고 노화와 치매를 방지해주는 역할을 한다는 것은 이미 증명됐습니다. 그래서 이런 껌에 연근을 접목시켜보자고 제안했습니다.『동의보감』을 보면 연근이 노화 방지, 콜레스테롤 중화 등의 효과가 있다고 나와 있습니다. 닭고기같이 기름이 노랗게 뜬 음식 위에 연꽃을 던져보세요. 기름기가 싹 없어지는 게 눈에 보입니다. 그러니 연근 가루를 껌에 넣고 두껍게 씹을 수도 있고 삼켜도 되는 껌을 만들어보았지요. 이렇게 보름 만에 창조학교에서 완성한 것이 연근 껌입니다. 창조학교 멘티들이 디자인하고 애련愛蓮이라고 이름까지 지었습니다. 그리고 우리 오프닝 때 '봐라, 창조는 말로만 하는 것이 아니다. 지금까지 노인들이 안 씹던 껌을 씹도록 유도해 치매 방지도 하고 노화 방지도 하고 콜레스테롤도 없애는 새로운 껌을 만들었다. 창조학교는 앞으로 모든 사람이 이런 아이디어를 낼 수 있다는 것을 보여줄 것이다'라는 의미로 껌을 모두에게 한 통씩 나눠주려고 했는데 몇 통밖에 못 나눠줬습니다.

　최악의 시장, 최악의 구청장은 아이디어를 새로 내서 만들 수 있는 것이 얼마든지 있는데도 남의 잘된 것을 모방하는 이들이에요. 결과적으로 로켓 2단계를 쏘지 못하니까 3단계 진입을 못 하는 것입니다.

긍정의 힘을 이용하면 새로운 것을 얼마든지 만들 수 있습니다. 요즘은 이주 배경 가족이 많이 생겼지요. 각 국가들의 문화가 섞인 병풍을 만들어보십시오. 파키스탄, 베트남 그 나라에서 가장 상징적인 민화들을 전부 모아서 한국을 포함한 12개국의 민화를 12폭에다 그려서 병풍을 만들고 이주 배경 가족의 생일, 결혼식 날, 축제 날 빌려주세요. 분명히 거기서 사진을 찍을 거예요. 그러면 후에 우리 시장이 차별하지 않고 이주 배경 가족을 위해 이렇게 모든 문화권이 한 작품 속에 모인 병풍을 만들어줬다고 되새길 수 있는 거죠.

모순을 통합하고 융합하는 상상력

이런 아이디어들이 얼마든지 있는데 왜 안 하고 계십니까? 말씀드린 대로 우리는 아이디어가 없는 게 아니라 그 창조적인 아이디어를 받아들이지 않는 겁니다. 네이밍naming에 대해서 잠깐 이야기를 했습니다만, 우리나라에서 녹색성장의 영문 이름을 그린 그로스green growth라고 지었습니다. 네이밍이 별로입니다. 그러니 아는 사람이 별로 없어요. 서양은 GND라고 합니다. 그린 뉴딜Green New Deal. '새로운 딜을 한다'는 겁니다.

이게 오늘의 결론입니다. 창조란 뭐냐. 모순되는 것에서 창조가 나오는 것입니다. 모순되는 것을 해결하려고 할 때 창조가 나옵니다. 지금까지는 녹색성장을 하려면 경제를 죽여야 했습니다. 반대로 경제를 부흥시키려면 자연환경을 파괴해야만 했고요. 이것이 2000년까지 내려온 산업과 환경의 대립 관계였죠. 그런데 자연을 지키는 것이 경제가 성장하는 것이고 경제성장이 곧 자연보호라는 개념이 그린 뉴딜입니다. 즉 모순된 것을 통합, 융합시키는 것이 창조적 상상력이라는 거예요. 어느 하나를 죽여서 다른 하나를 살리는 것은 누구나 할 수 있습니다. 영혼을 팔고 쾌락을 살 수 있고 쾌락 팔고 영혼을 얻을 수 있습니다. 그러나 영혼도 지키고 육체의 즐거움도 동시에 가질 수 있는 것이 그린 뉴딜인 것입니다. 그것을 가능케 하는 것이 창조입니다.

우리에게는 창조력을 키워주는 리더가 필요하다

우리에게는 이 창조력이 없는 것이 아니라 알아주고 키워주는 리더들이 없습니다. 얼마나 많은 레오나르도 다빈치가 한국에서 죽었고, 얼마나 많은 마리 퀴리가 여성 차별 속에서 죽어갔겠습니까? 지난번에 일본에서 150년 동안 생활용품을 만든 '가오'라는 회사의 회장을 잠깐 만났더니 너무나도 놀라운 얘기를 했습니다. 당신이 전 문화부 장관이고 한국에서 소프트 파워를 논하고 올림픽도 기획하고 새천년에 아이가 태어나는 순간을 최초로 중계했는데 어떻게 그런 생각을 했느냐고 묻는 겁니다. 사실 우리나라에서는 저에게 그렇게 묻는 사람이 한 사람도 없습니다.

새천년 0시 0분, 모두의 반대를 무릅쓰고 밀레니엄 베이비의 울음소리를 전 세계에 중계한 것은 저였습니다. 새천년의 활활 타오르던 불, 그 밀레니엄의 불이 지금까지도 포항에서 타오르고 있습니다. 그것도 제가 한 겁니다. 근데 아무도 몰라요. 새천년이 되어서 전 세계가 먹고 마시고 박수만 칠 때, 저는 새천년 최초의 햇빛을 따다가 불을 피웠고 비행기에 실어 포항에 전달했습니다. 그래서 손 모양 동상을 만들었고 지금도 그곳에서 불타고 있습니다. 호미곶에 수백만 명이 모입니다. 앞으로 10년 후, 20년 후에는 성화 채취를 그리스가 아닌 그곳에서 해야 할 것입니다. 새천년의 불이 유일하게 타고 있는 곳이니까요.

이걸 만들기까지의 과정이 참으로 눈물겹습니다. 작은 빛에도 예민하게 반응하는 트리거를 놓고 해가 뜨는 순간, 불이 붙는 장치를 만들어서 불을 붙였습니다. 그런데 그 불을 항공기로 운송하는 게 문제였습니다. 그래서 골프장에서 추울 때 사용하는 알코올램프에다가 운송했습니다. 그렇게 포항으로 가져와서 불을 붙일 수 있었던 겁니다. 그렇게 창조적인 일을 해도 알아주질 않았습니다. 유일하게 제 뜻을 알고 불을 가져간 사람이 당시의 포항시장뿐이었습니다. 그러니까 두 번 다시 안 하게 되는 거죠. 제가 왜 이 이야기를 꺼냈느냐 하면, 배용준이 한류스타가 되니까 우리나라 사람들이 뭐라고 했습니까? 배용준이 한물갔다면서 배용준을 좋아하는 일본 사람들을 욕했지요. 그런데 일본 사람들은 달랐습니다. '가오'의 회장은 기업인이지만 저에게 이렇게 말합니다.

"선생님, 우리는 실패한 기업입니다. 150년 동안 돈을 벌었지만 실패했습니다. 배용준 씨가 오기 전까지 우리는 여성들에게 좋은 물품을 싸게 줬다고 생각했는데 우리 고객의 마음은 거기에 있지 않았습니다. 배용준 씨가 오니까 이 30대, 40대 고객들이 '오빠'를 외치며 열광하더군요. 그러면서 텔레비전에서 이런 말을 했습니다. 나의 사랑은 다 끝났다고 생각했는데 배용준을 보면서 다시 사랑의 불꽃이 일기 시작했다. 비로소 내 허전한 마음이 달래졌다. 외로워서 텔레비전을 켰더니 거기에 잘생긴 한 남자가 나오는데 옛 첫사랑 같아서 가슴이 설렜다.' 이렇게 수많은 일본 여성들이 가슴속에 사랑의 불꽃이 사라지는 안타까움을 안고도 10원, 20원을 아끼며 살아왔고 그럼에도 여전히 사랑하고 싶다는데 내가 그들에게 판 것은 종이 기저귀나 비누나 그저 쓰면 없어져버리는 것들뿐이었습니다. 사람들에게 정말 놀라운 것을 팔고 싶습니다. 150년 된 우리 기업이 일본 여성들의 외로움을 채워주고 욘사마보다 더 놀랍고 감동적인 물건을 만들고 싶습니다. 그것이 무엇인지 좀 알려주십시오."

그때 저는 한국의 기업인을 떠올렸습니다. 고객이, 시민이, 구민이 달라고 하는 것을 그들이 줬는가? 성경에 나온 대로 생선을 달라는 아이에게 뱀을 주고 빵을 달라는 아이에게 돌을 주지는 않았는가? 이렇게 생각해보면 적어도 공인이 되어서 한 시민이나 국민을 상대로 할 때에 그들이 정말 원하는 게 무엇인지 생각을 해봤습니까? 배용준보다도 못한 것을 주어서 되겠느냐는 말입니다. 저는 그 말을 듣고 그 기업인에게 '당신에게 졌습니다. 당신이 진짜 기업인입니다' 하고 속으로 생각했습니다.

이것이 바로 우리의 실정이라는 것을 아셔야 합니다. 좋은 것이 있어도 소화하지 못하는 것이지요. 왜 그렇습니까? 우리의 시스템이 그렇게 되어 있습니다. 이런 형편으로 열아홉 살 아이들이 벤처기업을 세워 백만장자가 되는 서양을 어떻게 이기겠습니까? 스티브 잡스, 빌 게이츠는 19세에 아이디어를 내서 세계적인 아이디어맨이 되지 않았습니까? 왜 우리는 못합니까?

창조적인 사람을 알아볼 수 있는 눈을 가진다면

오늘 말이 길어졌습니다만, 중세 헝가리 왕국의 주물 기술자였던 오르반Orban이라는 사람이 "제가 만든 대포로는 어떤 성도 뚫을 수 있습니다. 성으로 버티던 시대는 지났습니다.

이제는 대포의 시대입니다"라며 비잔티움 황제를 찾아가 대포를 제작해주는 조건으로 높은 봉급을 요구했습니다. 그러나 비잔티움에는 그럴 만한 자원과 재료가 없었고, 그는 대신 오스만의 술탄 메흐메트 2세에게 접근했습니다. 당시 오스만튀르크의 술탄 메흐메트 2세는 아주 젊고 영특한 사람이었습니다. 오르반은 전과 같이 대포 이야기를 했습니다. 그러자 술탄은 그를 후하게 대접하라고 명했고 결국 비잔티움은 오스만튀르크에 무너져 그 후 600년이나 튀르키예의 식민지로 무릎을 꿇습니다. 새로운 창조적인 아이디어를 받아들인 나라는 600년을 지배했고 그것을 받아들이지 못한 어리석은 사람들은 무참하게 오르반의 대포에 성벽이 무너지고 말았습니다.

끝으로 제가 꼭 전하고 싶은 것은, 저는 자신이 꼭 창조적인 사람이 되어야 한다고 생각하지는 않습니다. 다만 우리에게 창조적인 사람들을 알아볼 수 있는 상상력과 새로운 변혁의 의지가 있다면 한국은 반드시 강대한 대륙과 해양 국가의 틈에서 모순되는 것들을 종합하고, 새로운 상상력으로 유토피아가 바로 이 자리에 있다는 것을 증명할 수 있을 것입니다.

저는 굳게 믿고 있습니다. 부디 더 많은 창조력으로 새로운 변화의 바람과 빛이 되시길 바랍니다.

배만 부르면 되는 요리는 창조성이 안 생깁니다.

똑같은 재료를 가지고 몇 분을 더 익히느냐, 안 익히느냐
조미료를 뭘 넣느냐, 안 넣느냐로 창조적이냐, 아니냐가
나타납니다.

에디슨은 요리를 할 줄 모르는, 즐거움을 줄 줄
몰랐던 사람, 실용적인 것만 알았던 사람이에요.

그러니까 제 말은 에디슨을 죽이라는 겁니다.
에디슨을 죽여야지만 21세기를 살아갈 수 있습니다.

21세기는 공감의 세계이고 즐거움의 세계이고
나날이 엔터테인먼트가 시장을 지배하고 있기 때문입니다.

5

실용을 넘어
기쁨이 자본이 되는 21세기

■ 한국표준협회 대한민국 창조경영인상 시상식 특별 강연

소비자의 마음을 읽어라

제가 '창조'라는 말을 많이 하고 다니는데, 창조는 그저 격언서에 적힌 말도, 추상적인 말도 아닙니다. 우리의 일상 속에서 조금만 생각하면 모든 게 나아지는 것이 창조죠.

경영의 귀재라고 하는 마쓰시타 고노스케松下幸之助는 일본에서 실로 다양한 창조적 경영을 한 사람입니다. 예를 들면 마쓰시타는 쌍소켓으로 시작했습니다. 그땐 지금처럼 타이머도, 빛을 조정하는 장치도 없었지요. 환하게 켜려면 두 개 켜고 적게 켜려면 하나만 켜던 시절, 전기 기술이 처음 들어와 불편을 느끼던 때 쌍소켓을 고안해냈습니다. 스위치 하나 내리면 하나 켜지고, 둘 다 내리면 다 꺼지고 이런 간단하고 경제적인 쌍소켓으로 세계 최강의 전자 기업을 만든 게 마쓰시타입니다.

그 사람의 자원은 생각하는 힘, 창조의 힘이었죠. 단순한 과학기술의 발명가가 아니라 소비자가 뭘 원하는가를 읽을 수 있는 사람이었습니다. 마치 예술가들이 이렇게 노래를 하면 청중이 즐거워할 것이다, 이렇게 하면 지루해할 것이다, 생각하는 것처럼 말입니다. 독자, 시청자, 소비자의 마음을 둔한 사람은 읽지 못하지만 마쓰시타같이 예민한 사람은 느꼈던 거죠. 마쓰시타는 이를 체온계라고 얘기합니다. 의사는 환자가 오면 체온계로 체온을 잽니다. 환자는 늘 체온이 변하니까요. 평상시에는 36.5도 평균 체온인데, 요즘처럼 감기가 유행하면 한 시간 전후 체온이 달라지는 것처럼 소비자도 마찬가지로 현장에서 끝없이 취향이나 생각이 바뀌고 있다는 겁니다. 그래서 기업은 소비자들의 체온을 재는 체온계를 갖추어야 된다고요. 마쓰시타는 사람의 마음을 읽는 경영자였던 거지요.

에디슨이 가지지 못한 것

에디슨도 굉장히 창조적이었지만 독자, 소비자의 살아 있는 마음을 읽는 데는 실패한 사람입니다. 발명의 천재이긴 했지만 경영에는 센스가 제로였습니다. 그러니까 그 3,000개 가까운 특허품을 가지고서도 결국은 빚만 지고 죽었지요. 과학기술의 천재이지, 사람을 다루고 경영을 하는 데에는 0점이었던 것입니다.

20세기를 소리의 자본주의라고 합니다. 에디슨 이전까지 소리는 저축할 수도 없고 저장할 수도 없고 가공할 수도 없었지요. 그래서 자본이 될 수 없었어요. 그런데 소리를 저장한다는 에디슨의 발상, 그 하나 때문에 21세기에는 빛과 소리의 자본주의가 꽃피게 된 것입니다. 빛과 소리가 자본이 되었던 최초의 세계, 곧 에디슨에 의해서 영화 산업, 음반 산업이 생겼지요. 소리를 자본으로 해서 저장과 가공이 가능하다는 것을 이 세상에 제일 먼저 알린 것이 에디슨이었다는 거예요. 토지나 광석이나 기계는 누구나 발견해낼 수 있어요. 근데 소리, 빛이 자본이 된다니 경천동지의 새로운 시장이 만들어지는 겁니다.

그러나 에디슨은 소리를 저장하는 기술만 개발했지, 그것을 상품화, 기업화하는 창조적 능력이 없었어요. 저는 과학기술의 발명을 창조라고 생각하지 않습니다. 그건 엔지니어, 테크놀로지이지, 기본적인 창조는 인문학에서 나오는 것입니다. 역사를 바꾸고 가치관을 바꾸고 사회를 새롭게 만들어가는 힘은 경영인이나 과학기술자만이 하는 게 아니라는 겁니다. 원자폭탄을 만드는 것은 과학기술이지만 그것을 어떻게 쓰고 정치적으로 이용할 것인가, 무역이나 세계 경제에 어떻게 쓸 것인가의 가치를 따지는 것은 역사를 알고 인간을 아는 인문학 부분이죠. 우리나라처럼 경영, 경제 종사자가 인문학에 어두운 예가 별로 없습니다.

돌아가서, 에디슨은 축음기를 만들어 소리를 저장하는 것까지는 성공했지만 어디다 써야 하는지 몰랐어요. 이것으로 무엇을 만들어야 돈을 벌 수 있는지, 소리와 빛이 자본이 될 수 있다는 것조차 몰랐어요. 그래서 연구만 해놓고 기자들 앞에서 시범으로 본인이 동요를 불러가지고 틀어놓은 거예요. 사람들이 신기하다고는 하지만 기사도 제대로 안 써주었죠. 그래서 에디슨이 기껏 만든 것이 소리 나는 인형, 즉 녹음기로밖에는 쓰이지 못했습니다. 그게 레코드가 되면 직접 현장에 가지 않고서도 수십만 명이 노래로 즐거움을 얻을 수 있다는 것을 그는 몰랐죠. 녹음이 단순한 실용을 넘어 예술하고 합쳐지면 엄청난 시장이 생긴다는 것을 몰랐어요. 실용만 생각했지, 즐거움이 뭔지 몰랐던 결과지요.

창조는 우리를 즐겁게 한다

요즘 신문에서도 많이 소개되는 소동파(원래 이름은 소식蘇軾, 동파東坡는 호)라는 시인이 있습니다. 시인이지만 음식의 대가예요. 고기를 어떻게 요리하면 더 맛있고, 조미료는 어떤 걸 넣으면 맛있는지 아는 사람입니다. 한 가지 재료에 대해서 가능한 여러 요리들을 알고 있었어요. 창조적인 사람이죠. 어느 날 제자들이 "시인이 시를 잘 써야지, 음식을 잘해서야 되겠습니까?" 하고 물었어요. 소동파는 껄껄 웃으면서 "내가 쓰는 시는 사람을 즐겁게 합니다. 맛있는 음식을 먹으면 사람이 즐겁지 않습니까? 시나 음식이나 같은 겁니다. 즐거움을 주는 면에서는 같은 거예요"라고 대답했습니다. 이것이 바로 창조죠.

우리를 즐겁게 하기 때문에 창조의 세계는 정치이고 경제이고 사회이고 문화입니다. 인간을 행복하고 즐겁게 해주는 것이 창조입니다. 상품을 만들어도 즐거움을 주지 못하는 상품은 축출될 것이고 이쑤시개같이 아무리 작은 상품이라도 즐거움을 준다면 그 상품은 시장을 획득할 것입니다. 상상력이 부족한 사람은 시를 쓰는 것과 음식을 만드는 것이 전혀 다른 차원이라고 생각하겠지만 실제로 음식을 먹는 사람, 시를 가까이하는 사람은 영양분이 아니라 즐거움 때문에 음식을 먹고, 즐거움 때문에 시를 읽죠. 영양 보충만이 목적이라면 요리는 태어나지 않는다는 겁니다. 배만 부르면 되는 요리는 창조성이 안 생깁니다. 세끼를 아무렇게나 먹는 사람, 어제 먹은 반찬을 오늘 먹는 사람은 창조적이지 않지만, 똑같은 재료를 가지고 몇 분을 더 익히느냐, 안 익히느냐 조미료를 뭘 넣느냐, 안 넣느냐로 창조적이냐, 아니냐가 나타납니다.

에디슨은 요리를 할 줄 모르는, 즐거움을 줄 줄 몰랐던 사람, 실용적인 것만 알았던 사람이에요. 그러니까 제 말은 에디슨을 죽이라는 겁니다. 에디슨을 죽여야지만 21세기를 살아갈 수 있습니다. 21세기는 공감의 세계이고 즐거움의 세계이고 나날이 엔터테인먼트가 시장을 지배하고 있기 때문입니다. 단순히 필요만으로 무엇을 찾는 시대가 아니죠. 필요만으로 수요와 공급이 딱 맞으면 시장이 존재할 이유가 없어요.

예를 들면 냉장고의 수요는 한계가 있죠. 전 국민이 가가호호에서 냉장고를 하나씩 삽니다. 쓸데없이 두세 대 갖지는 않지요. 그런데 CD 보세요. 몇 장을 가져야 수요와 공급이 충족되는 겁니까? 히트송 나오면 수백만 장, 『해리 포터』 같은 소설 나오면 수천억, 수조의 시장이 열리는 겁니다. 즉, 우리에게 감동을 주는 것은 수요공급의 법칙을 따르지 않는다는 얘기입니다. 니드need의 상품은 필요하니까 사지만, 문화, 예술 등의 즐거움을 주는 상품은 원트want의 상품, 욕망의 상품입니다. 시장을 보는 눈과 실제 경영을 하는 것이 다르다는 거지요.

하드웨어에 소프트웨어를 맞추려고 해서야

21세기까지 전해질 소리의 자본주의, 빛의 자본주의를 만들어놓고도 에디슨이 시장을 개척하지 못했을 때 그 기술을 이용해 에밀 베를리너Emil Berliner 같은 이들과 몇몇 회사가 축음기를 만들어 처음으로 음악가의 소리를 취입해서 음반으로 팔기 시작했습니다. 에디슨은 고소를 했죠. 내가 만든 기술을 맘대로 가져다 판매하면 되겠느냐면서요. 에디슨은 발명보다는 특허권 소송으로 일생을 보낸 사람입니다. 만들어 놓은 걸 활용은 못 하고 남이 가져가면 고소하는 거예요. 심지어 남이 활용한 걸 빼앗아서 다시 사용하기도 합니다. 레코드 회사도 남이 만든 것을 고소하고 돌려받아 본인 회사를 차려요. 그런데도 잘 안 돼요.

베를리너는 그 원인을 실린더형에서 찾았습니다. 실린더형은 아무리 바늘이 돌아가도 속도가 안 떨어지기 때문에 음악을 넣기에 에디슨의 실린더형으로는 어렵다고 판단했습니다. 그런데 도넛 모양의 판은 원심력과 구심력에 의해서 음악을 재생하는 가운데와 처음, 마지막이 속도가 달라지는 거예요. 그래서 베를리너는 "음악을 들으려면 양쪽으로 녹음이 되어야 한다. 그래야 주크박스도 만들고 앞뒤를 활용해서 많은 콘텐츠를 집어넣을 수 있다"라고 주장했지만 에디슨은 계속 실린더형을 고집했습니다. 바로 이 차이가 창조경영이에요.

소니는 아주 콤팩트한 비디오를 만들었습니다. 기술에서 이겼어요. 근데 왜 VHS를 이기지 못했습니까? 기술은 창조적이었는데, 경영 활용이 창조적이지 못했기 때문이죠. 제가 지금 기술이 창조가 아니라는 것을 강조하는 이유는 사실상 기술의 시대가 끝났다고 보기 때문입니다. 일본 모든 전자 회사를 합쳐놔도 삼성의 반도 못 쫓아옵니다. 그러나 그 기술은 전부 일본이 만든 거예요. LED도 마찬가지예요. LED 전체 바이오도 일본이 만들었는데, LED로 텔레비전 판매를 가장 많이 한 회사는 삼성입니다. 이게 창조적인 거예요. 그렇다고 기초과학이 필요 없다는 것은 아닙니다. 다만 전혀 다른 세계라는 것을 알아야 한다는 거죠.

베를리너는 소프트웨어가 뭔지 알았어요. 그래서 동그란 판이어야지, 실린더로는 안 된다고 주장했습니다. 그러나 사람들은 과학기술 측면으로 실린더가 속도를 조절하는 데 좋다고 했죠. 소프트웨어를 개선할 생각은 안 하고 하드웨어에 소프트웨어를 맞추려고 한 거예요.

이순신 장군의 천재적인 정보전

우리는 이순신 장군의 거북선을 하드웨어로 배웠어요. 심지어 제가 어렸을 때는 잠수함이라고 가르쳤습니다. 중학교 올라가니까 잠수함은 아니고 철선이래요. 그래도 쇠 배니까 대단하다고 생각했어요. 고등학교 가니까 쇠 배는 아니고 쇠로 만든 뚜껑을 가진 철갑선이라고 했습니다. 대학교 가니까 철갑선은 아니지만 거북선의 가시는 진짜 쇠라고 했습니다. 왜 그렇게 가르칩니까? 그게 하이테크입니까? 소프트웨어는 전략의 산물이에요. 거북선은 기존에 있는 배를 개조한 거예요. 왜 거북선을 만들었는가는 일본 배를 보면 알아요. 전쟁이라는 건 상대적이기 때문에 하나만 얘기해서는 제대로 알 수 없습니다. 상대방의 무기 체계를 알아야 한다는 거죠. 만약 상대가 탱크를 뚫을 수 있는 포탄을 만들면 우리 편은 포탄이 뚫을 수 없는 탱크를 만드는 거예요. 이런 경쟁 속에서 생기는 창과 방패의 끝없는 싸움이 창조예요. 이순신 장군은 그걸 알았죠.

일본인은 해적들이지 않습니까. 동해, 서해 전부 휘젓고 돌아다니던 해적을 무슨 수로 당하겠어요? 이순신 장군은 절대로 불을 지르지 않는다는 조건하에 거북선에 뚜껑을 만들었습니다. 만약 불을 지른다면 거북선은 도망갈 길 없이 오븐 속의 닭처럼 갇히는 것입니다. 왜 그렇게 위험한 배를 만들었을까요? 이순신 장군은 알았던 거죠. 이 해적들의 전법이 하나밖에 없다는 것을요. 물건을 훔쳐 와야 하니까 배에 불을 지르지 않고 반드시 올라타는 전법을 썼거든요. 그래서 일본은 대나무로 방패를 만들어서 둘러쳤어요. 이 방패판에 경첩이 달려 있어서 상대방 배로 떨어지는 겁니다. 그러면 이것이 사다리처럼 되니까 타고 올라와서 칠 수 있어요. 이게 일본의 전법입니다.

이순신 장군은 상대가 다른 군하고 싸울 때 무슨 전법을 썼는지를 알고 올라타지 못하면 진다는 것을 알았던 거예요. 기가 막힌 천재적인 정보전을 한 거죠. 일본군이 보통 때처럼 올라타려고 보니 거북선에는 올라탈 수가 없어서 우왕좌왕하며 사방에서 찔리고 할 때 들이받으니까 배가 구멍이 나고 물이 다 쏟아져 들어오고 왜군 수장 구키 요시타카九鬼嘉隆가 살려달라고 비는데, 운이 좋게도 큰 대합이 구멍에 붙어가지고 살았다는 겁니다. 이순신 장군은 이렇게 창조적인 분이죠. 과학적 발명가는 아닙니다. 인벤션invention은 아닙니다. 이노베이션innovation도 아닙니다. 크리에이티비티creativity입니다.

아인슈타인 같은 천재들을 죽이고 있지는 않은가

가위바위보에서 주먹 낼 때 상대방이 가위를 내면 내가 이기는 거고, 보를 내면 지는 거예요. 그러니까 상대가 무엇을 낼까 짐작해내는 영감, 직관력, 감성, 눈치가 필요한 거죠. 가위바위보를 잘하는 사람은 상대방의 영靈을 읽을 줄 아는 것입니다. 창조 역시 인스퍼레이션inspiration, 철학적인 감동의 세계 없이는 논할 수 없습니다. 창조가 인스퍼레이션으로 되는 거라면 노력으로는 안 된다는 건데, 그럼 뭐 하러 강의를 듣나 생각하실 수 있습니다만, 창조적인 인스퍼레이션이나 상상력을 가진 사람은 백만 명에 하나 있을까 말까입니다. 한 세기에 하나 나오면 많이 나온 것입니다. 빌 게이츠가 둘이 나오고 스티브 잡스가 둘이 나오면 이미 그건 창조적인 힘이 없다는 겁니다. 뛰어난 사람이 한 명 있기 때문에 지배하는 것이지, 열 사람, 백 사람의 스티브 잡스가 나오면 스티브 잡스겠습니까?

창조경영이란 CEO가 창조적이 되라는 말이 아니에요. CEO가 창조적이 되면 그 회사 망합니다. 그럼 무슨 얘길 하는 거냐, 창조적인 것을 알아보는 사람이 창조경영입니다. 예를 들어 항상 사고만 치는 직원이 있을 때, 그 직원을 계속 지켜보다가 어느 날 그 사람이 대박을 터뜨릴 수 있게 하는 회사가 있고, 사고를 치자마자 내쫓는 회사가 있다면 어느 쪽이 창조를 알아보는 회사일까요? CEO 중에서 창조적인 사람은 크게 될 사람을 알아보고 놔두는 거죠.

소니를 구해낸 워크맨을 만든 사람은 게으르고 말썽 피우면서 남들 다 일하는데 소니 녹음기 가지고 인풋input을 없애고 아웃풋output만 남겨서 스테레오로 음악을 듣고 있었던 사람입니다. 녹음기를 컴포넌트로 만든 거죠. 사람들이 녹음하는 것만 생각할 때 그는 녹음 안 되는 재생기를 만들어서 썼어요. 공장장이 들어보니 스테레오로 기가 막힌 음악이 나오니까 이건 전축이네, 하면서 모리타 아키오盛田昭夫 사장한테 간 겁니다. 그 말썽꾸러기 직원이 이걸 듣고 있었다고 하니까 모리타 사장이 "녹음 안 되는 녹음기는 내가 찾고 있던 것이다."라고 했지요. 음향기기 업체들이 수요가 차서 누구도 음악을 듣지 않았을 때, 길거리를 돌아다니면서 어마어마하게 무거운 앰프를 작은 카세트에 넣어 들고 다니는, 음악 감상법이 달라지는 새로운 음악 세계가 나온 거죠. 이건 에디슨이 백 번 죽어도 못 하는 겁니다. 그 사람을 알아주고 회사에서 쫓아내지 않고 오히려 그 기술을 사가지고 모리타가 녹음 안 되는 녹음기 만들라고 했을 때 내로라하는 마케팅 전문가들이 "1년에 5천 대 팔리면 잘 팔리는 겁니다. 요즘 누가 녹음이 안 되는 녹음기를 사겠습니까?" 하며 반대했습니다. 그때까지 시장에서는 녹음 안 되는 녹음기가 없었습니다. 그런데 모리타 사장은 창조적인 것을 알아주는 사람이고 끌어줄 줄 알고 활용할 줄 아는 창조적 리더십을 가진 사람이었다는 겁니다.

한국이 지금 이 정도밖에 안 되는 이유는 머리 좋고 창조적인 사람을 모두 죽였기 때문입니다. 얼마나 많은 창조적인 사람을 죽였습니까? 우리 중에도 분명 마리 퀴리, 아인슈타인 같은 사람도 있었습니다. 아인슈타인은 어떤 사람입니까? 다섯 살까지 말을 못 하고 왕따당하고 대학 때 물리학 선생이 추천서도 안 써준 사람입니다. 그러나 그를 알아준 사람이 있었죠. 졸업 후 취직이 안 돼서 친구의 도움을 받아 특허국에 자리를 얻고 친구가 뒷바라지 다 해주었지요. 그 친구도 수재였습니다. 그런데 "나 같은 사람도 너를 못 따라가겠다. 너의 발상법을 못 따라간다. 나는 3차원을 하는데 너는 4차원을 하는구나."라고 했습니다. 물리학에서는 3차원밖에 없는데 시간을 넣으면 4차원이 되죠. 비행기를 타고 가다 보면 밑에 2차원이 보이듯이 바라보는 것에 따라서 풍경이 다 달라지지 않습니까? 우리는 그 차원 속에 갇혀서 3차원 이상을 바라보지 못할 때 그걸 뛰어넘은 사람이 아인슈타인이었습니다. '내가 빛처럼 빨리 뛰면 빛은 뭣을까?' 아주 어렸을 때 이 하나의 발상을 가지고 특수상대성이론, 일반상대성이론, 입자·양자 세계까지 들어간 거예요. 그러니 보통 물리학을 하는 사람은 누구도 아인슈타인을 평가하지 않았습니다. 물리학 선생하고 굉장히 사이도 안 좋았고 대학도 떨어진 사람이에요. 예비 학교에서 처음으로 자신을 알아주는 사람을 만나 비로소 학과에 재미를 붙이고 거기서부터 의욕이 생겼던 거죠. 우리나라 학교가 학생들을 숨 막히게 해서 아인슈타인 같은 천재들을 얼마나 죽였는가는 충분히 상상할 수 있지요.

창조적 발견, 삶의 발견, 살아가는 즐거움

이런 강연을 하고 있는 저는 가슴을 친 적이 한두 번이 아닙니다. 어떤 아이디어를 내도 가져가는 사람이 없습니다. 제가 『저항의 문학』을 쓴 것이 1959년입니다. 지금이 딱 50년이 되지요. 20대부터 77세가 되는 지금까지 계속 책을 써왔습니다. 그래서 아홉 개 출판사와 함께 50주년 기념식을 가졌습니다. 그때 일본 나라현의 지사도 왔어요. 그 사람은 창조적인 사람이 아니지만 제가 서울 올림픽을 총 기획, 감독했고, 2000년 세계 최초로 밀레니엄 첫 아이가 태어나는 장면을 중계했으니까 1300년 만에 백제인들이 한 것처럼 나라를 구해주십시오' 하고 온 거죠. 상상력은 없지만 한국에 있는 나한테까지 찾아와서 처음으로 현립대학 외국인 총장을 시키고 현의 정책 고문을 시켰습니다. 그런데 우리나라에서는 누구 하나 저에게 명예 총장 하라는 사람도 없고 정책 고문 해달라고 오는 사람도 없었습니다. 스스로가 창조적이지 않아도 티끌만 한 창조를 알아보는 것이 창조경영이고 창조인이라는 거예요.

한 수 가르쳐달라고 할 때 제가 그랬죠. "난 그럴 실력도 없고, 한국에서도 바쁜데 왜 당신에게 가르쳐주겠소?" 그러니까 웃어요. 그럼 제가 한 가지 가르쳐주겠지만 아마 당신들은 못 할 거라고 말했습니다. 당신네 회사가 망해가는 회사면 내 얘기 듣겠지만 일본 최대의 가정용품을 만드는 회사

153

가 내 얘기에 귀 기울일 이유가 없는데 사정사정하니까 선심 쓰겠다고요.

"주부들은 이름도 없고 남편하고 자식 키우고 99퍼센트가 아무 드라마 같은 사건 없이 세상에 태어났다가 죽는 겁니다. 주부는 누군가의 엄마, 아내이지 본인의 이름이 없어요. 존재한다는 건 자신의 이름이 세상에 알려지는 것입니다. 그러니까 당신 제품 뒤에 값비싼 디자인 넣지 말고 춘하추동으로 주부들에게 사진을 공모해보세요. 인터넷을 통해 가정주부들이 핸드폰 카메라로 찍은 행복의 순간, 감동의 순간 등을 보내는 겁니다. 매일 생활에 찌들고 10원, 20원 아끼느라고 슈퍼 앞에서 다섯 시가 되도록 가격 할인하는 시간을 자전거에 앉아 기다리면서 늘어져 있는 가정주부들이 행복의 시간을 찍어서 보내면 그걸로 전시회도 해주고, 수상자 열 명을 골라 춘하추동으로 제품 뒤에 이름과 시상 내용을 써놓는 겁니다. 그러면 주부가 심심하고 답답한 삶을 살다가 본인이 찍은 감동의 순간이 상품 뒤에 붙으면 눈물을 흘릴 것입니다. 내가 찍은 사진이 전국에 작품으로 나간다는 감동은 말로 못 하지요. 그러나 내 생각에 당신들은 못 할 거요. 당신들 부하들에게 얘기하면 이렇게 답할 거요. 그런 짓 안 해도 잘 팔리는데 뭐 하러 그런 짓을 합니까, 하고요. 당신들은 창조력이 없는 사람들이요."

한국에 와서 제가 남양에 같은 얘기를 했는데 못 하더군요. 창조를 못 알아본다는 겁니다. 주부들의 답답한 가슴, 죽어라고 돈 아껴서 살 만해지니까 애들 따로, 남편 따로인 그 외롭고 심심한 주부는 뭘 믿고 살아가라는 겁니까? 주부들이 사진 찍은 것을 그 주부의 이름과 함께 내 제품 뒤에다가 넣으면 돈 한 푼 안 들이고 그 사람은 영웅이 되는 것이죠. 그리고 전시회를 하면 또 다른 주부들이 보러 와요. 그러면서 따분한 삶에서 이 세상이 이렇게 즐거웠고, 행복했고, 아무리 쪼들리는 삶에도 이런 감동의 순간은 있다는 것을 느끼는 겁니다. 잠자리가 날아오르는 이른 가을 아침에 빨갛게 익은 고추, 아기가 뭔가를 집어 들고 호기심으로 가득 찬 눈으로 보고 있는 표정, 이 모든 게 창조적 발견, 삶의 발견, 살아가는 즐거움입니다. 우리는 지금 이걸 못 하고 있습니다. 말만 하면 돈 얘기죠. 얼마나 상상력, 창조력이 어두우면 돈에 의존하겠습니까.

창조성이 있는 사람을 알아보는 것도 능력

제게는 지금 이렇게 이야기하는 목소리가 상품입니다. 제가 전하는 이 정보가 저의 메시지이고 저의 삶이고 저의 역할입니다. CEO가 해야 할 일이 이런 건데, 못 하면 그런 사람을 찾을 줄 알아야 해요. 저는 올림픽도 했고 새천년준비위원장도 했고 월드컵도 했는데 그때마다 가슴을 쳤습니다. '벽을 넘어서'라는 구호를 하나 만들었어요. 전국에서 모집한 표어예요. 셰익스피어가 투표로 희곡 쓰는 거 보셨습니까? 투표로 할 것이 따로 있고, 창조라는 건 원맨쇼예요. 창조는 혼자 하는 것입니다. 외롭게 혼자 하는 것입니다. 그러니까 창조입니다. 독창성이지요. 독재, 독설, 독주, 독獨 자 붙여서 좋은 거 있습니까? 그런데 창創 자 붙여보세요. 독창. 이건 좋잖아요. 조직을 원만하게 굴러가게 함에 있어서는 '독' 자는 절대 안 되는데, 창조할 때는 '독' 자를 붙여야 합니다. 그래야 예술품, 사람들에게 감동을 일으키는 걸 만들어냅니다. 에디슨처럼 되지 마세요.

에디슨은 최초로 빛을 사용해 영화를 만들었지만 상영 시간이 12분 이상 되면 일괄적으로 특허료를 주기 때문에 법으로 모든 영화를 10분 이상 상영하지 못하게 했어요. 바보 같은 짓이죠. 10분 동안 기차 충돌하는 거, 비행기 날아가는 거, 그거 보려고 누가 오겠습니까. 그래서 특허법을 피해 할리우드로 도망간 유대인 여섯 명이 「나라의 탄생」이라고 하는 한 시간 반짜리 영화를 만든 거예요. 특허료 몇 번 타자고 10분 이상을 못 찍게 만든 에디슨이, 자신의 영화가 콘텐츠를 집어넣으면 할리우드 영화가 되어서 세계를 지배한다는 생각을 했더라면 더 큰 성공을 거둘 수 있었겠지요. 그런 사람이 되지 말고 에디슨은 죽이라는 얘기입니다. 에디슨 때문에 유대인 여섯 명이 서부영화를 만든 곳이 오늘의 할리우드입니다. 동부에서는 창조가 나온 적이 없어요. 전부 서부입니다. 실리콘밸리가 동부에 있습니까? 아마존닷컴이 동부에 있어요? 전부 동부에서 망해서 개 하나 끌고 마지막 인생 걸고 골드러시 하자고 서부로 모입니다. 서부는 무질서하고 아웃사이더들이 모이는 곳이니까 도전해볼 만한 거죠.

결국 창조라는 건 본인이 창조적인 상상력이 없으면 창조적인 사람을 알아줘야 하는 것입니다. 창조적인 사람이 없으면 가만히 있는 것이 낫습니다. 창조력도 없고 못 알아보는 사람이 부지런만 해서 사고 치고 다니면 회사 망하는 거예요. 내가 창조력이 없다면 가만히 있는 게 최고예요. 유능한 사람을 쓰고 본인은 가만히 있으면 본전은 남아요. 그런데 엉뚱한 생각을 고집해서 창조적인 사람을 내쫓으면 회사가 망해요. 얼마나 많은 사람이 자신을 알아주지 않는 CEO 때문에 다른 직장으로 옮겨가지고 거기서 대박을 터뜨리나요?

오죽하면 소동파가 이렇게 이야기했어요. "내가 총명함으로 좋은 관리가 되지 못하고 도중에 이곳으로 왔는데 내 손자들은 어리석은 사람이 되어서 부디 좋은 관리가 되었으면 좋겠다"고요. 총명하면 관리를 못 한다 이겁니다.

미국에 이런 우화가 있어요. 어떤 사람이 차에 치여서 머리를 심하게 다쳤어요. 그래서 응급실에 갔는데 부인이 왔습니다. 의사가 말하기를 뇌가 완전히 망가져서 새 뇌로 바꾸지 않으면 못 산다고 했습니다. 세 개의 뇌가 있는데 어떤 것을 고르겠느냐, 제일 싼 게 100만 불인데 대학교수 뇌라고 했습니다. 대학교수 뇌면 비쌀 텐데 왜 이리 싸냐고 물으니 요즘 교수들 뇌가 별로 안 나간다고 했습니다. 좋은 건 뭐냐고 물으니 제일 비싼 것은 600만 불이라고 하자 부인은 어떤 머리이길래 그리 비싸냐고 묻습니다. 그랬더니 워싱턴 고급 관리의 뇌라고 대답하죠. 고급 관리의 뇌가 왜 그리 비싸냐고 부인이 문자, 이 사람들은 여태껏 머리를 쓴 적이 없어서 신품新品이라고 한 거죠. 이게 서양 얘기입니다. 서양의 민주적이고 가장 상상력이 많다는 관료들도 어쩔 수가 없습니다. 왜냐하면 그 사람이 바보여서가 아니라 머리를 쓰면 쓸수록 관료진은 흩어지는 거예요.

이대로 살 수 없다면 창조밖에 답이 없다

연대장이 오늘 새벽 한 시에 적의 동쪽을 친다고 하는데, 창조적인 군인이 한 시가 아니라 열두 시에, 동쪽이 아니라 서쪽을 치는 게 좋겠다고 해서 그 말대로 끌고 나가 적군을 쳐보세요. 전멸당합니다. 배 위에서 폭풍이 몰아칠 때 선장은 이쪽으로 가라고 하는데 창조적인 선원 하나 때문에 저쪽으로 가다가는 다 침몰해 죽어요. 창조적인 것은 혁명하는 것입니다. 잘못하면 다 죽어요. 어려운 거예요. 그러니까 질서를 지키고 쪽박 안 깨뜨리려면 창조하지 마라. 어제 한 거, 오늘 본전치기하라는 말이죠. 창조는 어제 한 대로 하면 죽으니까, 이대로는 살 수 없으니까 하는 것입니다. 살 수 있으면 절대 창조하지 마세요. 어제 한 경영, 어제 한 대로 그 경험을 살리세요. 그러나 어제 한 일로는 도저히 못 한다, 지구의 변화, 환경의 변화, 금융 쓰나미나 어제식으로 하면 도저히 살아갈 수 없다는 위기를 느낀 순간 상상력에 걸고, 직관력에 걸고 한 사람 한 사람의 생각에 걸어보는 수밖에요.

사람을 감동시키는 색채

너무 세월이 빨리 흘러서 어제의 성공이 오늘의 실패 요인이 됩니다. 어제까지 잘됐으니까 우리 회사는 되겠다 하면 그 회사는 망한다는 말입니다. IBM 보세요. 독점금지법에 걸려서 IBM 같은 공룡 기업을 당할 기업이 이 지구에 하나도 없었어요. 이미 하드웨어 시대가 지나고 소프트웨어의 시대가 왔을 때 IBM 같은 천재 거대 기업도 미래에 PC와 OS가 지배하는 걸 몰랐다는 거예요. 그까짓 몇 푼짜리로 뭘 하겠냐 했는데 그것이 세계를 제패했죠.

마이크로소프트가 어떻게 되고 있어요? 스탠퍼드 대학생 둘이 창조적인 검색 기능에 이제는 인터넷이다 할 때 빌 게

이츠는 인터넷이 뭔지 몰랐죠. 군대에서는 다 쓰고 있었는데, 이 사람은 텍스트 파일밖에 몰랐어요. 뒤늦게 브라우저를 만들었지만 인터넷 세계는 구글과 같은 검색 기관이 하나의 광고 회사로서 검색하는 단어에 맞는 스폰서를 붙여서 광고를 내고 있었습니다. 그렇게 해서 전례 없던 광고 시장이 생기고 엄청난 돈을 벌어들이는 애플과 아이폰이 나왔죠. 아이폰 안에 들어 있는 것은 모두 삼성 반도체입니다. 그런데 삼성이 왜 아이폰한테 떨어요? 창조력이 없었기 때문입니다.

이처럼 하드웨어로는 안 되는 세상을 우리는 어떻게 준비해야 하겠습니까? 학교에서 무지개색을 여전히 빨주노초파남보라고 가르칩니다. 지금이 어느 시대인데 이런 교육을 합니까? 컴퓨터만 봐도 1억 가지가 넘는 색이 나오는 시대인데 말입니다. 학교에 2천 가지 색깔의 담을 쳐보십시오. 그럼 애들이 매일 다니면서 많은 색채를 보고 색채 감각이 좋아지겠죠.

CEO의 넥타이 속에 그 회사의 창조적 상상력과 미래가 달려 있습니다. 옷하고 맞지 않는 색의 넥타이를 한 사람이 어떻게 색채와 관련된 광고를 하고 상품을 만들겠습니까? 사람을 감동시키는 건 색채입니다. 그런데 2천 가지 색을 가르쳐줘야 할 아이들에게 빨주노초파남보 일곱 색을 가르쳐 주는 것이 현실입니다. 이걸 우리가 바꿔야 합니다. 회사에 나가더라도 영광스럽게 나가는 곳이 있고 돈을 벌어도 치사스럽게 버는 곳이 있어요. 당당하게 창조적 상상력으로 우리 미래 자손들을 위해서 무엇을 해야 하겠습니까? 도둑질을 해서라도 미래를 만들 수 있으면 창조적인 것입니다. 이렇게 따져볼 때 오늘의 결론은, 우리가 살아갈 길은 바이오미미크리Biomimicry밖에 없다는 것이죠.

환경친화적인 바이오미미크리의 세계

지금 기계기술, 과학기술, DNA 기술, 다 소용없다 이거예요. 38억 년을 생명이 살아왔습니다. 그런데 과학기술은 200년도 안 돼요. 200년밖에 안 된 과학하고, 가혹한 환경 속에서 38억 년 동안 생명을 부지해온 생명기술하고 어느 쪽이 낫습니까?

부엉이는 쥐를 잡아먹는데, 아무 소리 없이 나와서 채어 갑니다. 이유를 조사해봤더니 날개에 뾰족한 돌기들이 교란해서 소리를 없애주는 겁니다. 이 원리를 풍력 발전기에 적용해볼 수 있습니다. 풍력을 이용해 하이브리드 발전기를 만들어서 각각의 옥상에 달면 전력을 만들 수 있습니다. 옛날에는 가정이 전력을 소비했지만 이제는 가정이 전력을 만드는 곳이 될 수 있습니다. 가정집은 전력을 소비하는 데가 아니라 에너지를 만드는 곳으로 역전되는 겁니다. 한데 이런 발전기 돌아가는 소리가 엄청 큽니다. 그때 부엉이 날개의 돌기를 달아놓으면 도서관 수준으로 조용해질 수 있죠. 작년에 일본에서는 소리 안 나는 풍차를 만들었는데 집집에 우리나라 돈으로 약 800만 원이면 발전기를 달 수가 있었다고 해요. 24시간 해나 바람으로 돌아가기 때문에 절대 멈추지 않는 이런 제품을 만들고 있습니다.

아시다시피 연꽃에 물을 주면 또르르 구릅니다. 왜 구를까요? 그걸 연구해보니까 입자들이 아주 특수합니다. 이 원리를 이용해서 벽돌에 물이 안 묻는 연꽃 이파리 같은 장치를 만들어놓으면 방수 비용도 전혀 안 들겠죠. 또 요즘은 염색하면 공해가 배출되니까 색깔이 있는 것은 색의 굴절을 이용합니다. 새의 아름다운 빛깔들은 염료로 된 것이 아니라 털의 광선 굴절에서 이뤄집니다. 이렇게 요즘 염료는 새들의 깃털을 연구해서 깃털의 과학적 굴절을 이용해 아름다운 색을 만들어요. 앞으로는 이러한 자연기술을 파고들어야 합니다. 이게 요즘 얘기하는 녹색 성장, 그린 그로스green growth입니다.

기계기술로는 탄소 나오고 폐품 나오지요. 물 1톤 만드는데 쓰레기 10톤 만드는 것이 현재의 기업입니다. 인간은 한 숟가락을 먹기 위해서 열 숟가락의 폐기물을 만듭니다. 회사가 나서서 자연을 관찰하고 자연 기술을 쓰면 이 기술은 공해 기술이 아니기 때문에 앞으로 발전합니다. 아무리 잘되는 기술이라도 반환경의 화학 기술, 기계 기술을 가진 회사들은 앞이 뻔합니다. 소프트웨어 사용하세요. 환경친화적인 바이오미미크리의 세계를 개척하셔야 합니다.

왜 창조가 필요한가?

사람들에게 감동을 주고 즐거움을 주셔야 합니다. 사실상 오늘 당장 우리가 넥타이 색깔 하나를 옷과 매치하는 감각이 있으면, 책상에 깔아놓은 색채 하나를 보면 미래의 창조성이 보인다는 말입니다. CEO 책상에 유리와 초록색 모전毛氈이 깔려 있으면 그 회사는 창조적인 회사가 아니죠. 그것이 일제강점기부터 내려오는 것입니다. 그런데 해방 후에 지금까지도 장관 방, CEO 방에 그대로 놓여 있는 겁니다. 이런 머리를 가지고 어떻게 21세기를 산다는 겁니까.

　어제 되던 게 오늘 안 되고, 오늘 안 되던 게 내일 된다. 우리의 모든 사회생활이나 모든 사고방식을 체온계 재듯이 마쓰시타처럼 매일매일 소비자의 체온을 재자. 시대는 바뀌고 있다. 온도는 바뀌고 있다. 우리만이 멈춰 서 있다는 얘기입니다. 저의 결론은, 어제 됐으니까 오늘도 된다는 고정관념과 관습을 가진 CEO는 절대로 그 회사를 미래의 기업으로 만들 수 없다는 겁니다. IBM이 얼마나 많은 변신을 했습니까? 지금은 솔루션 만듭니다. 특허를 제일 많이 가지고 있어요. 그 기계 만들던 회사가 지식에 투자하고 지식산업에 있어 첨단 회사로 바뀌었기에 IBM이 다시 거듭났지 않았습니까? 시대의 체온계를 사용했기 때문에 IBM은 과거의 영광을 여전히 누릴 수가 있는 것이죠. 크리에이티브creative자본주의를 얘기하는 빌 게이츠가 있기 때문에 마이크로소프트는 그 많은 원성 속에서도 미래의 기업이 될 수 있죠.

구글은 지금 정신없이 사방에서 소송을 당하고 있습니다. 그러나 구글을 사랑하는 구글러들이 매일매일 새로운 발상을 하는 그들의 편에 있어 주기 때문에 구글의 내일이 있습니다.

나심 니콜라스 탈레브의 『블랙 스완black swan』이라는 책에는 이런 말이 나옵니다. "어제까지 모든 백조는 희다고 생각했는데, 어느 날 호주에서 검은 백조가 발견됐다." 그 순간 백조가 희다는 관념은 하루아침에 무너진 겁니다. 우리의 증권계, 비즈니스계도 마찬가지입니다. 단 하나의 예외만 있어도 이미 판례는 부서진 겁니다. 통계도 확률도 아닌, 단 한 마리 검은 백조가 시대를 가르고 통념을 부수는 겁니다. 이것이 제가 들려주는, 창조가 왜 필요한가에 대한 얘기입니다.

추수감사절에 쓰려고 칠면조를 키워요. 칠면조는 알을 까고 가족을 이루고 아주 평화롭게 삽니다. 그때 노이로제에 걸린 새끼가 엄마보고 얘기합니다. "엄마, 우리 어제까지 평화롭게 지냈지? 내일도 그렇게 살 수 있을까?" "그럼. 어제도 그랬고 오늘도 그랬는데, 왜 내일 걱정을 하니?" 오늘도 어제와 똑같이 평화롭게 맛있는 먹이를 먹고 평화롭게 자라고 있었지요. 그런데 어느 날, 추수감사절 하루 전에 지금까지의 평화는 깨지고 칠면조 가족은 죽습니다. 어제와 똑같은 해는 뜨지 않습니다. 어제와 똑같은 평화는 오지 않습니다. 어제 됐으니까 오늘 되고 오늘 됐으니까 내일 되리라는 것은 추수감사절의 칠면조 같은 생각입니다. 언젠가는 어제의 것이 통하지 않는 날이 올 것입니다. 자기 자식들마저 죽는 추수감사절 앞에 서 있다면 그것은 불행 중의 불행이지요.

마이너스를 플러스로 만드는 한국인의 창조성

우리의 배달 문화는 어떻게 생겨났을까요? 한국은 유목민이면서 농민이에요. 그 후예들이니까 동서남북으로 막 뛰는 기질을 가졌습니다. 그런데 농경민은 말을 키울 수가 없어 농사를 지었죠. 세계에서 보기 드물게 기마민족의 DNA와 농경민족의 DNA가 같이 붙은 아주 희귀한 문명이 우리예요. 그게 배달 문화가 되는 거지요. 중구난방으로 뛰는 유목민족 DNA가 있으니까 배달이 되고, 가만히 앉아서 먹는 농경민족 DNA가 있으니까 시켜 먹습니다. 만약에 농경민족이면 전부 앉아 있기만 하지, 배달할 사람이 어디 있어요? 유목민족은 전부 뛰어다니고 먹는 사람은 없겠죠. 농업민과 유목민의 두 DNA가 섞여 유목적 농업으로 교차할 때 배달 문화가 존재하는 겁니다.

이렇게 따져보면 한국의 창조는 무한합니다. 중국도 일본도 똑같은 쌀로 밥을 만들어 먹는데 이 사람들은 쌀이 타면 버립니다. 또는 빻아서 비료 같은 것으로 씁니다. 한국은 물을 부어서 숭늉을 만들어 먹습니다. 요즘도 한식집 가면 마지막에 누룽지를 줍니다. 이 누룽지 문화는 일본, 중국하고 다릅니다. 마이너스인데 플러스로 만드는 것이에요. 타서 버리는 것을 오히려 밥보다도 좋은 것으로 만드는 것입니다. 이런 역전의 사상. 먹는 것이 다 그래요. 외국은 신선한 샐러드를 먹는데, 우리는 오히려 채소를 썩혀 먹는 것이 바로 발효식 아닙니까? 막걸리도 막 걸렀기 때문에 특수한 것이 나오는 거죠.

바퀴벌레가 3억 년을 살았는데, 이 바퀴벌레가 가지고 있는 자연의 순환처럼 우리는 수천 년 동안 수난 속에 살아왔습니다. 하루도 편한 날이 없이 살아왔지요. 그러니까 우리의 DNA에는 난국을 헤쳐 나갈 수 있는 창조력이 있습니다. 가난의 창조력, 수난의 창조력, 피난의 창조력이 있습니다.

그러기 때문에 우리는 평화로울 때보다 어려웠을 때 이기고 나가는 노하우가 있습니다. 그걸 이제는 시스템으로 가르치자, 중국과 일본 사이에 대륙과 해양을 함께 가진 이 그레이 존gray zone에서 창조의 씨앗이 미래에 태어난다는 것이 저의 마지막 결론입니다.

이제 새로운 자본주의가 도래합니다.

금융자본만이 자본주의가 아니에요.

생명, 지혜, 기쁨 역시 자본입니다.

패러다임을 바꾸면 새로운 기술이 나오고
새로운 자본이 축적되고

훌륭한 예술품과도 같은 감동의 생산품이 됩니다.

6

생명의 리듬과
그린테크놀로지

가이아 이론, 신비한 우주의 조화

생명자본주의라는 단어가 거창하게 들리지만 너무나도 당연한 것이고 현재 진행형입니다. 문명은 서쪽에서 동쪽으로 이동하고 있고, 또 경제는 잘사는 북쪽에서부터 남쪽으로 움직이고 있습니다. 서구 중심적이었던 사상이 점차 동아시아 쪽으로 오고 있습니다. 올림픽도 그동안 북반구에서 치러졌고 남반구에서 치러진 것은 호주 올림픽이 유일했습니다만, 지금 세상은 바뀌어서 인도나 인도네시아가 경이적인 발전을 하고 있습니다. 올림픽에서 이런 큰 트렌드를 더욱 명확하게 볼 수 있습니다. 일본 다음으로 거의 20년 지나서 한국이, 또 20년 지나면서 중국이 개최했습니다. 중국에서 한국으로 건너갔던 게 거꾸로 해양 세력들에 의해서 영국, 미국, 일본, 한국까지 온 거죠.

이렇게 문명이라는 것은, 우주라는 것은 하나의 생명체처럼 묘한 생명 질서를 가지고 있어요. 예를 들어 바닷물이 흘러가 몇십억이 지났으면 상식적으로 바닷물의 염도가 달라져야 합니다. 그럼 바닷물은 점점 짜져야 하는데 그러면 생물들이 위협을 받겠죠? 수십억 년 동안 다양한 변화가 있었음에도 불구하고 어떻게 산소와 질소의 배율이나 염도의 밸런스가 유지될 수 있을까요? 태양의 흑점이 왜 4년마다 바뀌는 걸까요? 이런 신비한 우주의 조화는 도저히 과학으로는 알 수 없습니다. 과학자들은 이것을 가이아 이론이라고 합니다.

생체기술의 신비

우주의 시간과 빛을 물리학적으로 설명하는 아인슈타인에게 "죽음이라는 게 뭡니까?" 하고 물어보니까 죽음은 모차르트의 음악을 더 이상 못 듣는다는 거라고 말했습니다. 근대의 지성은 2, 300년밖에 안 되는 형식지라고 합니다. 형식지, 즉 양자화할 수 있는 것, 숫자화할 수 있는 것. 그것만 믿고 우리가 살아온 것입니다. 예전에는 병에 걸리면 무당에게 굿을 하며 치료했는데, 의학이 생기면서 과학에 의존해 살게 된 지 200년도 안 됩니다. 그런데 지구 최초의 DNA 복합체가 탄생하고 단성생식에서 양성생식으로 갈라지면서 인간이라는 종이 생기는 데 38억 년이 걸렸어요. 200년 남짓한 인간의 기술하고 38억 년 동안 이 지구에서 살아온 기술은 게임이 안 되는 거예요.

세계 제일인 삼성의 스마트폰은 스티브 잡스의 아이폰을 못 이길까요? 그 사람이 기술자일까요, 과학자일까요? 왜 똑같은 하드웨어 기술은 있는데 우리나라엔 스티브 잡스가 없는 걸까요? 왜 우리는 아이폰을 못 만들까요? 삼성 스마트폰은 펜으로 찍어야 합니다. 그런데 아이폰은 아주 원시적으로 손가락으로 찌릅니다. 눌러서 되는 게 아니고 정전기로 하는 거예요. 이걸로 특허를 받았죠. 다른 사람은 물질의 체계, 도구의 체계로 만들었는데 스티브 잡스는 신체라고 하는, 바이오 생명을 생체기술로 접근한 겁니다. 이게 어떻게 기술의 문제입니까, 철학의 문제이지. 한편 이런 예시도 있습니다. 한국 사람과 서양 사람을 보세요. 서양 사람은 내기할 때 동전이 없으면 내기를 못 해요. 하지만 한국 사람은 가위바위보를 하잖아요. 이것이 바로 생체기술입니다.

진정한 디지로그란 디지털과 아날로그의 결합

　제가 오래전에 디지로그를 얘기했습니다. 그런데 사람들은 디지털을 아날로그로 바꾸는 것이 디지로그인 줄 알아요. 아닙니다. 디지털이 할 수 있는 것과 아날로그가 할 수 있는 것이 결합해야 진정한 디지로그가 됩니다. 시계를 보세요. 이제까지 바늘 시계가 전자시계로 바뀌었다가 다시 바늘로 돌아갔잖아요. 24시간 나를 쫓아다니니까 다른 도구와 달리 내 몸의 일부가 되는 것, 이걸 신체성이라고 합니다. 나와 함께 24시간 다니기 때문에 얼마든지 새로운 기계를 만들 수 있는 거예요. 그게 생명자본주의입니다.

　앞으로 자원을 상대로 한 산업주의는 끝납니다. 자동차, 기차, 산업주의의 모든 게 땅속에 있는 석유를 가져오는 데 집중돼 있죠. '지속 가능한'이라는 말처럼 나쁜 말이 없어요. 왜? 지속 가능하다고 했기 때문에 산업주의가 연명된 거니까요. 지속 불가능하다고 해야 산업주의를 넘어 생명주의로 들어가는데 지속 가능하다고 하니까 연명하는 거잖아요. 지구온난화가 문제가 아니라 희귀 금속, 희귀 메탈 같은 것은 하나만 없어도 우리가 쓰고 있는 전자 제품을 만들 수 없습니다.

　산업주의는 집단에서 개인주의로 가거든요. 예전에는 전화도 공용으로 썼어요. 전화가 집에 있을 때는 가족 간에 많은 이야기를 했어요. 아버지 찾는 전화를 제가 받으면 "아, 우리 아버지가 골프를 치는구나" 하는 정보를 받는 거죠. 아이의 친구들에게 전화가 왔을 때 부모도 정보를 받는 거고요. 그런데 휴대폰이 생기면서 전부 방에서 통화하니까 가족 간의 정보를 알 수 없는 겁니다. 이게 무슨 정보사회예요? GPS 있으면 뭐 합니까? 딸이 어디 갔는지 모르는데…….

착취하던 자연에서 배우는 자연으로

옛날엔 성인이 되면 운전면허를 따는 게 꿈이었어요. 지금 아무도 그런 꿈을 안 꿔요. 차라리 걷거나 지하철을 타는 게 훨씬 편합니다. 게다가 요즘 GPS가 생겨서 알던 길보다 안내된 길로 다녀요. 그런데 전부 소리만 듣고 가니까 눈을 안 씁니다. 그래서 고속도로에서 역주행하는 사고가 수백 건이 넘어요. GPS가 잘못 가르쳐주는데도 GPS는 절대 틀리는 법이 없다, 하고 따르는 거예요. 그러다 사고가 나는 거고요. GPS 때문에 많은 사람이 신체성과 시각을 비롯한 청각, 육감을 다 잃은 겁니다.

사이버 세계는 뇌만 들어갑니다. 그러니 어떤 인간들은 친구를 푹 찌르고도 죽은 걸 모릅니다. 사람 죽여놓고 "미안하다고 전해주세요" 하는 겁니다. 호랑이를 딱 만났는데, 체중, 속도 다 따져보고 도망가야지, 하는 사람 있습니까? 보자마자 전두엽이 아니라 신경계에서 '도망가라, 잡아라'가 금세 나오지요. 사람을 찌르면 감옥에 갈 줄 아는 건 전두엽 담당이고 신경계는 사람부터 찔러라 하는 거지요. 요즘 애들이 비윤리적인 것이 아니라 행동이 전두엽까지 미처 도달하지 못하는 거예요. 그러니까 자기가 평생 감옥에 갇히는 거 알면서도 찌르는 겁니다. 이걸 척추 반응이라고 해요. 그러니까 우리가 갖는 상식, 이 지구에서 살아온 우리의 생체라는 몸뚱어리로 돌아와라, 하는 얘기가 나오는 겁니다.

헬스, 직관적 척추 반응, 인간들이 가지고 있는 몸, 냄새. 이 모든 것이 자본이 되는 생명자본주의 시대가 왔습니다. 똑같은 물건을 만들어도 신체감각을 살려주면 자본이 되지요. 지능이나 내구성을 따지는 물질자본주의는 소위 금융자본, 산업자본, 토지자본 시대의 얘기지, 이제는 생명자본주의라고 하는 즐거움, 기쁨, 열광, 생명 자체의 산물을 만들어야 합니다. 그건 제품이 아니라 작품입니다. 예술가의 아틀리에처럼 생명 자체의 기쁨을 주는 것을 만들라는 이야기입니다. 생명자본주의로 패러다임을 바꾸면 자동차를 만들어도 모든 것을 생명에 기준을 두고, 테크놀로지도 그린테크놀로지로 바뀌니까 자연에서 착취하던 것을 자연에서 배우는 큰 패러다임의 변화가 일어납니다. 지금까지 산업주의는 자연에서 착취했지만 이제는 자연의 생명 시스템에서 배우는 겁니다. 그런데 지금까지 자연 시스템과 인간 시스템은 너무 멀리 떨어져 있습니다.

제조업을 예로 들어보면 사람을 고치는 의료 기기를 만든다고 해봐요. 사람의 살을 째서 칼로 쑤시는 게 의술일까요, 과학일까요? 옛날에 어린아이들이 울면 호랑이가 잡아간다 하면 뚝 그쳐요. 그다음에 인간이 자연을 지배하면서부터 일제강점기에 순사 온다, 그래야 딱 그쳐요. 무력에 약해진 겁니다. 요즘은 의사 선생님이 주사 놓는다고 하면 그칩니다. 이렇게 생명을 다루는 의술이 거꾸로 폭력이 되어버렸다는 겁니다.

생명을 가진 것들은 울고 싶을 때 울고 웃고 싶을 때 웁니다. 그런데 요새 쿨하다는 표현을 씁니다. 목석같은 것을 보고 쿨하다고 해요. 옛날 외갓집 갔다 헤어질 때 외할머니가 나와 인사하시고 언덕까지 가서 계속 뒤돌아보며 인사하고 그랬는데, 지금은 애인하고 죽자 살자 연애하다가도 아쉬울 것 없이 헤어지면 쿨하다고 해요. 그게 쿨한 걸까요? 이 거대한 가이아, 녹색의 지구, 날아다니는 새, 바다에는 엄청난 물고기들이 헤엄치고 하늘에는 새들이 날아다니고 땅 위에는 꽃이 만발한 이 생명의 거대한 시스템이 완전히 거꾸로 가고 있어요.

참고 모방하는 데서 머물면 안 된다

제주도까지 보통은 비행기를 타고 가지요. 비행기 타는 사람들을 보면 대개 세 종류로 나뉩니다. 첫 번째는 체념형입니다. 비행기가 상승하기 시작하면 귀가 울리는데도 그냥 참아요. 비행기는 원래 귀가 아픈 거라고 생각하는 사람이에요. 어떻게 참느냐며 환경을 바꾸고 현상을 돌파, 변화시키는 게 아니라 그 상황에 적응하면서 체념하려고 해요. 두 번째 사람은 모방형입니다. 귀가 아프니까 남들은 어떻게 하나 보는 거예요. 남들 하는 대로 노력은 하지만 머리는 좋지 않은 사람이죠. 세 번째 사람은 분노형이에요. 하늘을 날아다니는 비행기를 만든 사람이 승객 고막 아픈 거는 해결 못 한다고 소리치며 화냅니다. 오늘날의 엔지니어들은, 비행기를 만든 자들은 기계공학은 잘 알아도 살아 있는 생명체의 기쁨, 사랑, 위안, 편안 같은 건 아무것도 모른다면서요. 참고 모방하는 능력밖에 없는 사람은 창조적인 사람이 아닙니다.

창조적인 사람이 되면 돈 많고 똑똑한 사람을 얼마든지 이길 수 있어요. 스티브 잡스가 빌 게이츠만큼 돈이 많습니까? 마이크로소프트처럼 사원이 많아요? 그런데 마이크로소프트는 지금 뭘 만들어요? 아무것도 못 만들어요. 스티브 잡스가 그 큰 회사를 이기잖아요. 그런데 우리는 창조적인 사람을 절대로 가지지 못해요. 창조적인 사람은 지금과 같은 공식으로 사는 사람이 아니고 어제와 다른 방식으로 사는 사람이니까요.

기쁘고 즐겁고 아름다운 그린테크놀로지

인간과 다르게 자연은 절대 외식을 하지 않습니다. 토끼는 자기 똥을 먹어요. 제일 먼저 묽은 똥, 그다음엔 검은 똥. 완전히 진액만 모인 그걸 또 개미가 먹어요. 우주는 무엇 하나 허투루 쓰지 않는데 인간은 하루에 자기 몸무게의 20배나 되는 자원을 버리고 있어요. 그것뿐만이 아니에요. 독일에선 감자를 캐면 절대 그곳에서 씻지 않아요. 이탈리아로 보내서 씻는 게 더 싸거든요. 그러나 지구의 입장에서 보면 엄청난 손해죠. 이렇게 번연히 잘못된 것을 알면서, 비행기 안에서 귀가 아프면 아프다고 소리치지도 못하고 우리에 갇힌 짐승처럼 참으며 어쩔 수 없다고, 이것이 문명이라고 합니다. 왜 문명에겐 그렇게 관대할까요? 자연에게는 그렇게 가혹하면서.

그린테크놀로지로 사고를 바꿔야 할 때가 왔습니다. 그린 테크놀로지의 철학이 우리한테 이로우니까, 환경에 좋으니까 바꾸자는 게 아니에요. 그것이 기쁘니까, 즐거우니까, 아름다우니까 적용해보자는 거예요. 에너지를 아끼기 위해서 자전거를 탄다면 그건 석기시대 사람이나 다를 바 없잖아요. 그러나 자전거 타는 것이 멋있고 아름답다고 생각해보면 달라집니다. 마돈나 같은 유명한 사람들이 나와서 자전거 패션쇼를 한다고 쳐봐요. LED로 만든 자전거, 광섬유 자전거, 자전거에 GPS 나오고 음악 들리고, 역대 자전거 다 모아서 쇼를 하고, 마지막에 다 같이 모여서 노래 부르고 하면 세계적인 자전거 메카가 되고 자전거 산업이 이뤄질 거예요. 세계 패션쇼는 파리가 원조지만 자전거 패션쇼는 우리가 원조가 되도록 만드는 겁니다. 그게 생명 산업입니다.

생명의 리듬, 생명이 주는 기쁨을 알아야

기술과 자원이 많아서 이기는 시대는 갔습니다. 패러다임을 바꾸고 교육을 새롭게 해야 희망이 있습니다. 제가 '세 살 마을'이라는 것을 만들었어요. 적합한 환경에서 세 살까지 완벽하게 키워놓으면 여든까지 이어진다는 데서 착안한 거죠. 그런데 요즘은 맞벌이로 인해 친정어머니나 시어머니가 아이를 봐주고 있어요. 요즘 부모들은 애 울음소리를 구별할 줄 몰라요. 애가 울면 어찌할 줄을 몰라서 119에 전화해요. 가서 보면 배고파서 우는 거죠. 일본도 구급차가 제일 많이 출동하는 경우가 아이 울음소리를 못 알아들어서 그러는 거라고 하네요. 그래서 세 살 마을은 아이 울음을 분석하고 가르칩니다.

지금 LED 전구로 바꾸는 추세잖아요? 일본은 벌써 백열 전구를 에디슨 전구 만든 100주년 되는 해에 생산 중지시켰어요. 그래야 LED 전구가 어쩔 수 없이 팔리고, 팔리니까 만들어지고 그러다 보면 국제 경쟁력이 강해져서 전구를 수출할 수 있다면서요. 이런 정책이 다 생명자본주의와 관련이 되는 겁니다.

1930년대 불경기 때 잘 팔리던 모노폴리 게임은 아마추어가 만들어 대히트한 경우예요. 전문가들이 팔면 안 되는 이유를 50가지나 댔거든요. 하는 수 없이 개발한 사람이 직접 유통했는데 이게 엄청나게 팔린 겁니다. 오늘날까지, 비틀스도 비가 와서 공연 못 할 때 대신 집에서 즐긴 게 모노폴리 게임입니다. 전문가들은 개미핥기처럼 개미밖에 못 잡아먹는 거예요. 하지만 바퀴벌레는 달라요. 잡식이기 때문에 3억 년을 살 수 있었던 거지요. 앞으로는 하나만 알아선 안 돼요. 모든 네트워크가 융합됩니다. 이런 생각을 하려면 넘쳐나는 생명, 바다, 지구, 인간, 우주 전체가 숨 쉬는 그 생명의 리듬을 알아차리고 듣고 그 기쁨을 아는 사람이 되어야 합니다.

생명이 자본이 되고 리더십이 되는 시대

리먼 브라더스의 금융 파동은 단순한 금융 파동이 아니라 한 인간 문명의 길고 긴 여정이 끝나는 종착역입니다. 이제 새로운 자본주의가 도래합니다. 금융자본만이 자본주의가 아니에요. 생명, 지혜, 기쁨 역시 자본입니다. 패러다임을 바꾸면 새로운 기술이 나오고 새로운 자본이 축적되고 훌륭한 예술품과도 같은 감동의 생산품이 됩니다. 광석이나 석유 같은 지하자원은 산업자본주의 시대에 부를 가져오는 자원이요, 과학기술은 산업기술의 모범이 됩니다. 하지만 이제는 인간의 삶에 소통과 화합, 기쁨이 기본이 되는 시대가 다가오고 있습니다. 요즘 아이들을 보면 느낄 수 있어요. 우리 어릴 때는 사진 찍으려고 하면 몸 비비 꼬고 눈치 보고 그랬는데 지금 아이들은 카메라 앞에서도 자신을 뽐내려고 얼마나 자유롭게 자신을 드러내는지 몰라요. 남이 뭐라 하든 상관없이 말이에요. 눈치 보고 주눅 들었던 아이들이 이제는 오히려 뻔뻔할 정도로 좋으면 다 표현합니다. 이렇게 억압되지 않은 아이들을 교육하면 앞으로 희망이 있습니다. 우리 어린아이들에게 생명의 기쁨을 가르치는 것은 우리 미래에 큰 힘이 됩니다. 생명이 자본이 되고 생명이 리더십의 핵심이 되는 시대가 반드시 옵니다.

인간들의 문화적 문명적인 생활 기준이
먹는 것과 입는 것인데,

그중에서도 입는 것의 소재, 먹는 것의 소재,
요리하는 방법, 디자인하는 방법 등

복잡한 여러 문제를 요약해보면
우리 미래가 보이고 현재가 보입니다.

우리는 자연으로부터 일탈하면서
끝없이 자연으로 돌아가고 싶은 모순 속에 살고 있고

그 모순을 해결하는 것이 창조이기 때문입니다.

7

바이오미미크리,
자연을 디자인하다

인류 최초의 디자인

인류가 최초로 한 일은 섬유 디자인입니다. 선악과만 따 먹지 않았더라면 우리가 오늘날과 같이 옷을 입고 여러 디자인으로 창조적인 일을 했겠습니까? 에덴동산에서는 하늘이나 들판의 백합처럼 먹을 것과 입을 것 걱정 않고 살아왔는데, 인간만이 하지 말라는 규칙을 어겼습니다. 그 때문에 땀을 흘려야 먹고, 산고의 고통을 느껴야 자손을 퍼뜨리는 인위적인 문화생활을 해야 됐죠.

문화는 자연의 반대개념입니다. 아프리카나 흔히 최빈국

이라고 일컫는 원시적인 자연생활을 하는 나라에 문명 생활
을 한 사람이 가보면 놀랍죠. 이게 낙원이구나. 즉 인간이 만
든 창조적인 운명보다는 신이 만든 창조적 운명이 훨씬 더
완벽한 것입니다. 인간은 자연 그대로 살 수 없다는 비극 때
문에 무언가를 만들지 않고는 살아갈 수 없는데, 그중에서
가장 대표적인 것이 섬유 디자인입니다.

섬유 산업의 확장과 혁명

성경을 읽어보면 선악과를 따 먹고 부끄러움을 제일 먼저
느낀 인류는 나뭇잎으로 몸을 가렸죠. 이것이 최초의 디자인
입니다. 만약 선악과를 먹지 않았더라면 벌거벗고 살았을 것
입니다. 선악과, 곧 지혜를 따 먹었으니 선악을 판단하는 눈
이 떠진 순간에 추악한 육체를 발견하게 된 것이지요. 그때
몸을 가린 나무 이파리가 오늘날 식물섬유로 발달했습니다.

식물섬유는 섬유 산업과 디자인 산업으로 확장되었습니
다. 하나님은 이상한 나뭇잎을 달고 온 인간이 얼마나 한심
했겠어요? 그래도 성경을 보면 하나님은 그들을 그냥 내쫓

지 않고 옷 한 벌을 지어주셨어요. 인간이 죄를 지어서 에덴 동산에서 쫓겨났지만, 하나님은 가장 자기 모습과 비슷한 생명체로 인간을 만드신 분입니다. 그러니 너희들한테 벌을 줘야 하니 이 에덴동산에서 내쫓긴 하겠지만 옷 한 벌은 지어주마, 한 거지요.

우스갯소리로 하나님이 만들어주신 최초의 털옷을 입었을 때 쫓겨나는 것도 모른 채 밍크코트 입었다고 얼마나 행복해했을까요? 패션 때문에 산업이 발달하고 산업혁명이 일어났으며 제2, 제3의 산업혁명은 섬유에 의해서 이뤄진 것입니다. 베이징에서는 염료 없이 색깔을 냅니다. 순전히 빛으로요. 비눗방울을 보면 영롱한 색채가 나지 않습니까? 그건 염료도 색소가 아니죠. 무지개도 색소도 아니고요. 이렇게 개념이 달라지고 있는데 우리는 여전히 색소를 중심으로 한 염료를 준비하고 있습니다.

이탈리아는 프랑스의 하청업자이자 섬유 약소국이었습니다. 지금 어떻게 됐습니까? 이탈리아가 업계에서 10대 안에 재등장하기 시작한 것이 디자인덕인 줄 알지만 사실상 이탈리아에는 유럽에서 가장 발달한 실크 산업이 있었어요. 하드웨어와 소프트웨어의 만남이죠. 일본도 마찬가지입니다. 일본에는 원래는 누에를 넉 잠 재우고 실크를 뽑는데, 불을 환하게 켜놓으면 석 잠만 자고 실을 뱉어내요. 섬세하다는 말은 섬유처럼 가는 것을 의미합니다. 인간은 끝없이 가는 섬유에 대한 꿈을 꾸어왔던 겁니다.

날것을 디자인한 문명

왜 실크가 세계를 지배했습니까? 가늘기 때문입니다. 일본은 이 세상에서 제일 가는 실크를 만들었습니다. 실크를 꼬면 아주 아름다운 소리가 나요. 일본은 군국주의 전에 비단으로 악기인 샤미센 줄을 만들었고, 스위스는 전쟁 시 폭발력이 아주 강한 화약을 만들었습니다. 이렇게 섬유의 면면들을 추적해보면 인류 문화사는 입는 것과 먹는 것이었습니다. 먹는 것과 입는 것이 우리의 생존 조건에서 가장 중요합니다. 주거는 조금 뒤에 나옵니다. 사실은 먹는 것과 입는 것만 해결되면 집이 없어도 살 수 있어요.

푸드 디자인과 섬유 디자인은 문화적 문맥이 똑같아요. 최초로 인간이 디자인한 것이 음식과 의복이었어요. 다시 말하면 딱딱한 것을 어떻게 하면 부드럽게 먹을 수 있는가가 최초의 푸드 디자인이었습니다. 그것이 불로 요리하는 것이죠. 요리한다. 불로 익히거나 삶거나 데우거나 여러 가지 방법이 있어요. 날것을 날로 먹지 않고 불로 익혀 먹는 것이 푸드 디자인이고 문화 문명입니다. 날것은 자연입니다. 짐승들이 불로 익혀 먹는 것을 보셨어요? 썩혀서 발효시켜서 먹는 것을 보셨어요? 불로 지지는 것보다 훨씬 발달한 게 썩혀서 먹는 겁니다. 보통 짐승들은 생생한 것, 가장 신선한 것을 좋아하지만 인간들은 썩혀 먹었죠. 한국의 홍어 같은 거 보면 참 놀랍죠? 홍어를 먹는 사람들은 문화인이에요. 짐승들도 썩은 건 못 먹어요. 그러니까 발효 아니면 불로 지져 먹는 것이 전부 문화인 겁니다.

　마찬가지로 우리 옷도 그것이 모직물이든, 식물섬유든 거칠지 않은 것을 찾지요. 날것은 거칠어요. 섬세한 것, 감촉이 좋은 것, 잘 구겨지지 않고 부드러운 것으로 끝없이 의상을 만들어왔기 때문에 섬유 소재와 섬유 산업의 디자인은 떼려야 뗄 수 없습니다. 하지만 놀랍게도 우리나라에서는 둘이 결합되어 있지 않습니다. 그래서는 섬유 산업도 섬유 디자인, 패션 디자인도 발전할 수가 없습니다. 예를 들어 교직하는 사이에서는 곡선 디자인이 안 됩니다. 교직이 나오면서부터 직물을 커팅하는 게 달라지죠. 그게 디자인입니다. 이렇게 따지고 보면 오늘날 사람들이 미학적인 것, 적용성 등 다른 중요한 것들이 굉장히 많고, 실제로 염료나 물감, 소재 자체에 대해서는 산업 분야, 공업 분야로 알지만 1급 디자이너들은 소재 혁명부터 합니다. 자기가 옷감을 직접 짜는 겁니다.

우리가 에덴동산에서 쫓겨났을 때 이파리와 가죽 털옷을 입고 나왔습니다. 모직은 섬유 길이가 굉장히 짧아요. 그런데 식물섬유는 실로 만드니까 얼마든지 길게 뽑을 수 있어요. 모직물과 식물섬유의 싸움에서 산업혁명이 벌어지는 겁니다.

디자인된 의식衣食 문화

위도가 높은 유럽에서는 목화가 안 나옵니다. 그래서 이 지역 사람들은 주로 모직물로 옷을 해 입으니 염색이 잘 안 되고 원하는 대로 긴 단을 만들기가 힘듭니다. 빨래하기도 대단히 불편하지요. 디자인해서 만드는 데도 어려움이 있어요. 그때 인도에서 목화로 만든 옥양목이 들어오자 문명이 바뀌는 큰 충격을 받습니다. 속셔츠는 무명으로 해야지, 모직으로는 피부에 직접 닿는 옷을 못 만듭니다. 그런데 목화는 빨래를 하면 뻣뻣해집니다. 그러다 보니 목화로 내의를 만들어 입으면 빨지 않는 거예요. 귀중품일 뿐만 아니라 빨면 뻣뻣해지니까요. 그래서 냄새가 굉장히 많이 났습니다.

근대화의 상징은 섬유 공장으로부터 시작합니다. SK, 삼성 등도 섬유에서부터 시작합니다. 인간의 욕망 중에 가장 원초적인 입는 욕망과 먹는 욕망, 이 두 개로 그 나라의 문명 문화가 결정된 것입니다. 먹는 것을 동물처럼 먹지 않고, 입는 것을 동물처럼 입는 것이 아니라 문명화해나갑니다. 즉 불로 음식을 부드럽게 하듯이, 섬유로 부드럽고 섬세한 옷을 입으려고 합니다.

선악과를 먹어보세요. 참 달콤하죠. 그런데 선악과 맛이 지금 사과 맛과 같았을까요? 열매치고 인간이 먹을 수 있는 거 얼마 없어요. 인간이 개량하고 재배해서 단것으로 만든 것이죠. 원초적인 것은 써요. 섬유들도 딱딱해요. 이것을 전부 부드럽게 만든 거죠.

이런 얘기를 하면 끝이 없지만, 쓴 걸 먹을 수 있는 사람은 아직도 원시적, 비문화적 생명력을 가진 사람입니다. 서양 사람들은 쓴 것을 못 먹어요. 문명화된 사람은 쓴 것 못 먹어요. 그래서 한국 식생활을 보면 한국 문화가 얼마나 원시적, 문화적인 극과 극이 잘 섞였는지, 세계에서 이런 유례가 없어요. 서양 사람들이 나물 먹는 거 보셨어요? 일본과 중국도 나물 잘 안 먹습니다. 한국은 지금까지도 나물 먹습니다. 채집 시대 지나가면 농업시대 오고 산업 시대, 정보산업 시대, 금융 시대, IT·나노 시대 이렇게 변해가는 동안 다른 나라 사람들은 채집 문화를 버렸어요. 그런데 한국 사람들은 채집 문화를 그대로 갖고 있기 때문에 지금도 김을 먹고 씀바귀도 그대로 먹습니다. 단군신화에 나오는 쑥과 마늘이 나물 문화거든요. 그 마늘도 그냥 마늘이 아니고 야생 달래마늘이에요. 쑥 먹고 달래 먹고 그게 단군 때 얘기인데 지금도 우리는 먹잖아요. 곰 아니어도 다 먹어요. 곰이 우리처럼 쓴 나물, 달래마늘 먹었으면 이미 곰 아닙니다. 사람이죠. 나물은 잡초입니다. 똑같은 잡초인데 잡초를 어떻게 먹느냐가 다른 거예요. 날것일망정 선택해서 뽑은, 디자인된 잡초, 풀이 바로 나물입니다.

어쨌든 에덴동산에서 쫓겨나온 인간들의 문화적 문명적인 생활 기준이 먹는 것과 입는 것인데, 그중에서도 입는 것의 소재, 먹는 것의 소재, 요리하는 방법, 디자인하는 방법 등 복잡한 여러 문제를 요약해보면 우리 미래가 보이고 현재가 보입니다. 우리는 자연으로부터 일탈하면서 끝없이 자연으로 돌아가고 싶은 모순 속에 살고 있고 그 모순을 해결하는 것이 창조이기 때문입니다.

디자인은 문명과 자연의 타협점을 찾는 것

옷 보세요. 옷은 입으면서 감추는 겁니다. 그런데 요즘은 어딜 드러내느냐가 패션의 시작입니다. 감추면서 강조하는 것이죠. 일본에서는 목 뒤를 내놓는 옷을 만들었어요. 앞에만이 아니라 뒤를 디자인한 겁니다. 우리 건축도 그렇고 거의 다 전면을 디자인하는데 일본에서는 후면 디자인을 시작했습니다.

우리 바지 디자인을 보면 세계에 없는 아주 특이한 디자인입니다. 서양의 바지는 전부 밀착되어 있는 패션인데 한국 바지는 헐렁해요. 유럽에서 말하는 바지는 주로 호복胡服이라고 해서 유목민들에게서 전파된 스커트가 변형된 것입니다.

일본 사람들은 전부 치마를 입어요. 한국만 바지 입는데 이 것이 역시 북방 유목민 스타일이죠. 말 타야 하니까 간편하 고 기동력이 있어야 하는데 한국 옷은 농경 사회를 거치면서 절충된 겁니다.

한국 사람들은 바지를 접어서 입습니다. 서양 옷은 정확하 게 한 치, 두 치 재는데, 우리 바지는 정확하게 재지 않죠. 허 리통이 굵은 바지를 접어서 입어요. 예전에는 양복 입으면 간편한데 치수 개념이 없는 한복 바지가 아주 불편하다고 생 각했어요. 그런데 사람 몸이 맨날 정확하게 똑같나요? 밥 먹 으면 배가 나오고 배고프면 들어가는데 언제 정확하게 이걸 재느냐는 겁니다. 사람의 몸은 불규칙한 것이고 정확하게 자 로 잴 수 없으니 말입니다.

서양의 의복 디자인은 재단부터 시작합니다. 재단하다 보 면 손가락 넣어 치수를 따져가면서 가봉해 만들어도 양복의 허리춤 다 맞지도 않아요. 맞는 사람 한두 사람밖에 없을 거 예요. 이게 안 맞도록 되어 있는 겁니다. 그러니 한국 사람들 은 어차피 안 맞는 거, 처음부터 안 맞게 만드는 거죠. 치수 없이 만들어놓고 배가 나오면 크게 입고, 배가 들어가면 접 어서 입는 프리사이즈인 셈입니다.

우리하고 똑같은 창문인데, 일본 사람들은 1밀리미터까지 맞춰 끼워요. 그런데 한국은 맞는 문이 없어요. 원래 맞지 않는 걸 가져와서 맞춰요. 가져와서 안 되면 대패로 밀고 적당히 해놔요. 바지하고 똑같아요. 왜 그랬겠어요? 문이라는 것은 처음엔 맞아도 쓰다 보면 안 맞게 되거든요. 틈이 생겨 바람 불면 문풍지를 붙이면 되니까요. 문풍지 문화가 생긴 유래죠. 세상에 문에다가 문풍지를 만들어서 붙인 건 한국 사람밖에 없어요. 이게 디자인이에요. 치수 딱딱 맞춰서 옷에 딱 맞는 거, 그거 디자인 아닙니다. 디자인은 문명과 자연의 타협점을 찾는 겁니다.

그래서 참 재미난 것은 모든 디자인은 '있다, 없다' 가지고 만드는 겁니다. 길어졌다, 짧아졌다, 내놨다, 숨겼다. 세계 최고 히트 상품은 '없다' 쪽으로 갔습니다. 한참 없는 쪽으로 갔다가 뺄 게 없어지면 붙이는 쪽으로 가다가 더 이상 못 붙이면 빼는 쪽으로 가다가, 또 붙이는 쪽으로 가는 식으로 패션 산업이 먹고사는 거죠. 붙이는 경쟁만 하면 끝나지 않아요. 그렇다고 옷이 벗는 경쟁만 해서 완전히 발가벗어보세요. 디자인은 뭘 먹고 살겠습니까? 아슬아슬한 데까지 가서 그다음부터 붙이기 시작하는 겁니다. 넥타이도 오래 못 가요. 조금 가면 넓은 넥타이 생깁니다. 지금 트렌드는 빼는 거, 없애는 쪽으로 가는 추세입니다. 그걸 빨리 읽어야 해요.

공산품이건 무엇이던 모든 디자인의 탑이 '있는 것을 없애라'였습니다. 선풍기에 날개가 있으니 날개 없는 선풍기가 인기를 얻었죠. 수증기가 안 나오는 밥솥을 만들어서 전축, 오디오 옆에다가 놓고 밥을 할 수 있게 되었어요. 수증기 없으니까 놓는 자리가 달라지는 거죠. 이렇게 대히트를 했어요. 더군다나 놀라운 것은 다리미입니다. 뜨겁지 않은 다리미가 나왔어요. 뜨거운 것은 판에 있고 다리미는 올려만 놓는 겁니다. 그러니까 다리미판을 뜨겁게 하고 다리미 자체의 열을 없앤 것입니다. 있는 걸 전부 없는 것으로 만드는 거죠.

욕망의 경제학

이런 법칙이 내려온다는 것은 인간들의 사고방식, 창조적 상상력, 변화의 물결이 전체적인 패션 세계를 지배한다는 뜻입니다. 상표는 디자인으로 브랜드화됩니다. 루이비통이 'LV' 자로 모노그램을 제일 먼저 시작합니다. 상표가 그대로 전체적인 브랜드 네임이 되는 겁니다. 가방 없는 사람이 어딨습니까? 그래서 브랜드가 필요한 거고, 누구나 가지고 다니는 가방이기 때문에 디자인이 필요한 겁니다. 디자인이 브랜드를 만드는 것입니다. 대표적인 예가 'LV'라는 루이비통인데, 일본 사람 다섯 중에 하나가 루이비통을 들고 다닙니다. 일본에 수십조 원의 루이비통 돈이 깔려 있는 거죠. 브랜드화된 디자인이 이렇게 무서운 겁니다.

이런 브랜드 전략 없는 디자인은 죽은 시장입니다. 그럼 결론이 뭐기에 이런 장황한 얘기를 하느냐? 음식은 배가 고파서 먹고, 옷은 춥거나 더워서 입는 것이라면 사실상 디자인은 기능 디자인으로 끝납니다. 그러나 인간은 리빙living이라고 하는 의식, 배가 불러도 몸이 따뜻해도 만족하지 않는 이 지상에 가장 불평 많은 짐승입니다. 이게 바로 산업을 이끌어 갑니다. 욕망의 경제학에 의하면, 인간들이 먹고 입어서 충족될 수 있으면 경제 지속이 안 됩니다. 충분히 먹고 있는데도 계속 먹고 계속 입으려고 한다. 그것이 경제입니다. 그것이 디자인 몫이고, 문화의 몫입니다.

문화예술의 경제적 가치

산에서는 소금이 필요합니다. 바다에서는 산의 바위가 필요해요. 그래서 무역이 시작됩니다. 우리가 돌을 줄 테니까 너희들은 소금을 다오. 어느 날 보니 소금이 너무 많아 2, 3년 먹을 게 있으니 이제 소금 안 사, 그러면 바다에서는 돌을 어디서 구합니까? 무역이 성립 안 되는 거죠. 무역이 성립되려면 필요한 것은 소금이지만 필요하지 않은 것을 살 이유가 있을까요? 그런데 우리가 필요하지 않아도 사는 게 있습니다. 바로 장신구죠. 그러니까 바닷가 사람들이 조개로 목걸이를 만드는 겁니다. 그러면 산 사람들이 장식물은 없어도 되지만 사는 겁니다. 여기다가 돈을 갖다 주고 잉여인 소금 이외의 가공품도 삽니다. 조개 가지고 아름다운 장신구를 아름답게 만든 게 문화예술입니다. 앞선 예시와 반대로 돌이 필요 없다고 하면 산 사람들이 굶어 죽게 생겼잖아요. 그러니까 새 깃털로 모자를 만들어 가져오면 불필요하지만 예쁘다 이거예요. 문화예술이 없고 순수 필요만 있었다면, 오늘날 경제활동은 없었을 것입니다. 인간이 세끼 밥 먹고 옷 입는 것만으로 만족했다면 무슨 경쟁을 했겠습니까?

자꾸 부가가치, 부가가치 하는데 정말 무지한 소리예요. 문화예술은 부가가치가 아닙니다. 그 자체로 가치가 되는 거죠. 문화예술은 원트want를 충족해주는 것인데, 어느 경우에는 원트가 필요하다고 하는 사람이 숫자가 더 많아졌어요. 세끼 밥은 굶어도 원하는 걸 못 하면 못 사는 사람들이 생겼다는 거죠. 아이폰, 이 디자인이 얼마나 잘못됐는지 주머니에 넣으면 축 늘어져서 옷 스타일 다 망가집니다. 그런데 왜 팔려요? 옷 디자인이나 가지고 다니는 편리함으로 따지면 가볍고 작은 휴대폰을 쓰지만 아이폰을 쓰는 다른 욕망이 있습니다. 아이콘 같은 게 예쁘고 유저 인터페이스가 직관적이잖아요. 이런 것을 못 만들면 휴대폰계는 아무리 기술이 있어도 망합니다. 스티브 잡스는 대학 중퇴생입니다. 남들이 아무도 하지 않던 폰트 디자인이 오늘날의 아이폰을 만든 겁니다. 디자인의 힘이 이긴 겁니다.

공산품을 넘어 우리를 행복하게 하는 디자인

21세기는 산업자본주의가 아니고 생명자본주의, 자연자본주의입니다. 옛날에는 전부 물건 집어넣고 돈 집어넣고, 산업 기술이라는 프로세스를 거쳐 아웃풋으로 공산품이 나왔습니다. 그럼 김연아는 뭘 집어넣어서 나온 겁니까? 김연아는 실질적인 도움을 주지 않아요. 그런데 김연아의 세계적인 무대를 보면 우리는 행복해집니다. 이 점에서 김연아는 디자이너입니다. 트리플점프를 빙판 위에서 인간이 할 수 없는 무중력상태로 마치 우주처럼 유영합니다. 인간이 그렇게 반달처럼 허리가 휘는 것을 우리가 언제 봤겠습니까? 김연아가 입은 검은 옷이 빙판에서 빛날 때, 그게 디자인입니다.

나노테크놀로지가 활성화되면 디자인 산업과 섬유 산업이 어떻게 달라지느냐? 산업 공해와 같은 문제에 있어서 제일 골치 아픈 것이 섬유의 물감, 염료입니다. 이게 100퍼센트 공해예요. 그러기 때문에 어떻게 물감 없이 수많은 색을 만들 수 있느냐가 중요해지는 겁니다. 색은 수천, 수억 개가 있습니다.

새의 깃털이 색소일까요? 아닙니다. 빛과 깃털이 반응해서 나타나는 색깔입니다. 햇빛의 굴절이 교차되는 그 착시에서 생겨나는 빛이지요. 색조의 색과는 비교가 안 됩니다. 비눗방울의 그 현란한 색깔에 무슨 색소가 들어 있겠습니까? 빛의 색깔인 거죠. 무지개도 마찬가지입니다. 이렇게 닛산이 시작한 것을 베이징에서 가져와 섬유를 염색하지 않고 색깔을 내는 방법, 즉 나비나 새처럼 색소에서 오는 것이 아니고 섬유를 빛의 색채로 발생시키는 데에 성공했죠. 나노테크놀로지의 성과입니다. 백만 분의 일, 눈에 보이지 않는 나일론사를 아주 가늘게 16층을 만들어서 꼬는 겁니다. 그러면 광반사라 전부 달라져요. 거기서 파란색을 뽑고 빨간색을 뽑는 겁니다. 베이징이 이 실험에 성공했습니다.

미래의 디자인, 바이오미미크리

이것이 바이오미미크리입니다. 인간은 1리터의 오렌지주스를 만들기 위해서 1톤 가까운 폐기물을 냅니다. 작은 한 컵 속에 쓰레기가 백 배, 천 배 나옵니다. 그러니까 전 세계가 쓰레기 더미 속에 묻히는 겁니다. 음식을 만들고 버리는 쓰레기를 한번 보세요. 버리는 게 훨씬 많습니다. 이게 인간이고 산업기술입니다.

3억 년을 산 바퀴벌레는 절대로 폐기물을 내는 일이 없어요. 그런데 우리는 바퀴벌레만 보면 죽이려 합니다. 3억 년을 살아왔는데 노하우가 얼마나 많겠습니까? 인간은 세균을 없애려고 별짓 다 하지만 세균한테 이기는 것 보셨어요? 이런 바퀴벌레를 닮으면 인간이 살고 지구가 사는 겁니다. 자동차를 보세요. 60킬로그램도 안 되는 사람 하나 이동하는 데 5톤, 6톤, 10톤짜리 쇳덩어리가 움직이잖아요. 꽃을 좀 달라고 하면, 꽃을 꺾어주면 되는데 정원을 파서 가지고 오는 것과 마찬가지죠.

빨리 바뀌어야 합니다. 염료 없는 섬유를 만드는 사람이 산업혁명을 하는 겁니다. 물감 없이도 얼마든지 색소를 만들 수 있습니다. 요즘에는 색소 만드는 누에 유전자를 얼마든지 만들 수 있어요. 빨간 실이 필요하다면, 실 자체를 빨갛게 뽑을 수 있는 겁니다.

앞으로 이와 같은 누에 디자인을 낳아야 합니다. 한국 사람들은 배추나 무를 버리지 않고 시래기까지 먹잖아요. 이게 자연 디자인입니다. 우리 조상들 참 대단해요. 남들이 버린 천으로 조각보 만들었어요. 버린 헝겊 고이 간직해서 그 아름다운 보자기를 만드는 것, 그게 바이오미미크리입니다. 거기에 문화가 들어가는 겁니다. 이것이 전부 미래의 디자인입니다.

느림 속에 존재하는 미래의 가능성

IT 이야기를 하자면 소니는 실패했어요. 로봇을 너무 사람처럼 만들면 징그럽고 불쌍해서 일을 못 시킨다는 겁니다. 로봇이 사람 같지 않아야 일을 시키지, 너무 사람 같아도 안 되고 너무 기계 같아도 안 돼요. 균형이 중요한 겁니다. 자연이면서도 문명이고 인간이면서도 비인간이고. 이런 것을 제가 이번에 홀로그램으로 만들었습니다. 실제 아닌 것을 실제처럼 보이게 하고 실제인 것을 실제 아닌 것처럼 보이게 하는 것이 디지로그입니다. 이제 한국에서 이런 것들이 이뤄져야 합니다. 제일 처음 비행기가 나왔을 때는 자동차, 기차보다도 속도가 느렸습니다. 그러나 그 느림 속에 몇십 배 빠른 가능성이 있었기 때문에 비행기를 만든 것입니다. 당시에 느리니까 비행기 만들지 말아라, 하고 말하는 사람만 있었으면 발전하지 않았습니다. 미래를 볼 줄 알아야 거기서 새로운 힘이 나오는 겁니다.

한국이 더욱더 눈에 보이지 않는 경쟁, 불필요하다고 지금까지 생각했던 분야가 사실은 그 경제를 살리는 원동력이 된다는 패러다임 시프트에 앞장서야 합니다. 이러한 생각이 서로 손에 손을 잡으면 적어도 중국과 일본, 두 나라 틈 사이에서 위대한 역사를 가진 우리가 당당하게 살아갈 이유가 될 것입니다.

이것이 물병에 물이 반 차 있을 때 반이 차 있네,
하는 사람하고 반밖에 없네, 하는 사람의 차이죠.

이에 따라서 세미오시스는 달라집니다.

피시스, 노모스는 달라질 것 없지만
세미오시스는 완전히 달라지는 겁니다.

즉, 사실은 못 바꾸지만
사실을 해석하는 코드는 바꿀 수 있다는 거죠.

이게 패러다임 시프트입니다.

8

세미오시스,
문화는 어떻게 상품이 되는가

피시스, 노모스, 세미오시스의 세상

인문학적 관점에서 세상은 세 가지로 나뉘어요. 피시스physis, 노모스nomos, 세미오시스semiosis. 다시 말해 자연, 법, 상징이죠. 이 세 가지를 설명해보겠습니다.

만약 자동차 사고를 막기 위해서 사람들이 안전벨트를 매게 만들 때 세 방법이 있어요. 어떤 사람은 피시스에 따라 기계적 해결을 합니다. 정신이고 문화고 소용없어요. 벨트를 매지 않으면 자동차가 발진하지 않도록 한다. 얼마나 편합니까? 알코올이 감지되면 절대로 시동이 안 걸린다. 지금도 얼마든지 그렇게 만들 수 있어요.

GPS에 비슷하게 적용하면 더 움직인 사람이 세금을 많이 내게 해야 합니다. 지금 GPS 기술로 보면 내 차가 어디로 가서 몇 마일 달렸는지 전부 뜨거든요. 그런데 왜 안 됩니까? 피시스 때문에 안 되는 거예요. 다닌 만큼 세금 내는 것은 편하고 좋지만 가는 곳이 모조리 찍히고 코드화 된다면 자동차 누가 타겠습니까? 이상적이지만 나의 자유가 기계 때문에 완전히 묶이는 사회가 온다고 생각하면 『1984』처럼 기계의 노예가 되니까 안 된다는 거예요.

언어가 가진 힘, 말의 가치를 생각하자

돈 없고 권력 없는 사람이 유일하게 기대는 데가 세미오시스입니다. 재벌이든 대통령이든 홈리스이든 말은 하잖아요. 그런데 이렇게 중요한 말의 가치를, 그걸 문화로도, 자본이나 리소스로도 여기지 않고 권력, 시스템, 법, 사규, 고용 등만 생각하다가 문화는 전부 남한테 줘버립니다. 정권과 대기업이 문화와 언어 때문에, 워드 파워 때문에 엄청난 시련을 당하는데도 아직도 그걸 모르고 있다는 거죠. 이러한 사태가 한 정권, 한 체제를 무너뜨릴 수도 있는데도요.

세미오시스를 다 내주고 기업을 운영할 수 있을까요? 정치할 수 있을까요? 한국이 그렇거든요. 비상구 표시를 보십시오. 비상구라는 말이 기분 좋아요? 비상사태, 비상시에 쓰는 거잖아요. 중국에 가면 이걸 태평문이라고 합니다. 똑같은 건데 불나도 걱정 마라, 태평해라, 하는 거죠. 하나는 부정이고 하나는 긍정이에요.

「예스맨」이라는 영화를 보면 주인공이 너무나 부정적입니다. 뭐든지 '노, 노' 하다가 완전히 거덜났어요. 그러다가 상담사가 "하나만 고쳐라. 평생 '노, 노' 했는데 이제부터 '예스, 예스' 하며 살아봐라."라고 조언해요. 그래서 이 사람이 마음먹고 그다음부터 '예스, 예스'로 가는 겁니다. 무조건 누가 말하든 '예스'. "3년 동안 모직 팔러 해외 가겠냐?"란 말에 가기 어려운데 '예스' 해서 3년 동안 해외를 돌아다녀요. 그 결과, 엄청난 생활의 변화가 오고 사랑하는 사람을 만나게 됩니다. 『예스맨』이라는 소설 원작을 보고 할리우드 영화사에 전화를 건 겁니다. 그거 영화로 만드시겠습니까? 하고 물으니까 원작자도 예스만 쓴 건데 작가가 뭐라고 하겠어요? '예스' 해서 대박이 터졌죠. 그래서 이 사람이 예스로 세계적인 작가가 되고 엄청난 돈도 벌었습니다. 꿈도 못 꾸던 할리우드 일급 배우들과 저녁을 먹고 함께할 수 있었지요. 이게 예스의 힘입니다.

성경이 2천 년 동안 견딜 수 있었던 힘도 여기 있습니다. 부자가 천당에 들어가기보다는 낙타가 바늘귀로 들어가는 것이 더 쉬우니라, 하는 구절이 있죠? 우리 같으면 낙타가 바늘귀로 들어가는 것보다 부자가 천당에 들어가는 것이 더 어려우니라, 했을 텐데 더 쉬우니라, 이렇게 표현한 거죠.

사람을 살리기도, 죽이기도 하는 세미오시스

외국에 가면 어덜트 온리adult only라고 하잖아요. 성인 입장 가可인데 우리는 보통 연소자 입장 불가不可라고 씁니다. 똑같은 얘기거든요. 이것이 문화예요. 그런데 우리는 언어의 힘을 모르죠.

우리나라에 워드 파워는 존재하지 않았습니다. 인간의 의식을 지배하고 해석 코드를 만들어내고 끝없이 언어를 인풋해 프로세스를 거쳐 나오면 감동, 눈물을 끄집어낼 수 있고 가슴을 뛰게 할 수 있습니다. '감동'이라는 문자를 써보세요. 느낄 감感에 움직일 동動입니다. 절대 머리로는 동이 안 나옵니다. 그게 워드 파워인데 언어가 밥 먹여주냐, 하고 무시하죠. 층 이름을 지을 때도 그냥 1층, 2층, 3층이 아니라 제일 존경하는 인물을 투표해서 1층 다산, 2층 세종, 3층 황진이 해놓으면 돈 들어가는 것도 아니고 좋지 않습니까? 회장실에다가 회장이 제일 좋아하는 사람 이름 붙여놓으면 안 돼요? 점 하나만 더 붙이면 화장실이 돼요. 이런 것을 조작하는 게 세미오시스입니다.

혁명 중에 제일 무서운 게 문화혁명입니다. 총질하는 혁명은 도망가면 돼요. 문화혁명은 도망갈 수가 없어요. 가령 앞에서 벨트 얘기했죠? 세미오시스는 캠페인 통해서 벨트를 못 매게 합니다. 우리나라처럼 캠페인 많은 나라도 없어요. 여기저기 캠페인 구호 붙이고 학교에서도 벨트 안 매면 안 된다고 가르칩니다. 인간의 뇌를 바꾸고 세뇌시키는 것을 캠페인이라고 벌여요. 그래서 가족이 차를 타고 가는데 아버지가 벨트를 안 매면 아들이 뒤에서 한마디 하죠. 학교에서 벨트 매라고 배웠는데 왜 안 매느냐고요. "우리 선생님이 안전

벨트 안 매면 야만인들이래요. 공중도덕 모르는 사람들이래요." 이처럼 창피를 주거나 도덕적으로 완전히 못 쓰게 만들고, 인터넷이 사람 죽이는 게 전부 문화적 압박입니다. 칼 들이대지 않고, 권총 쏘지 않고 죽이는 거죠. 그러기 때문에 문화혁명은 법을 통한 법치를 통한 폭력보다 훨씬 무섭습니다. 법은 삼심이 있어요. 그런데 인터넷상에서 문화적 폭력은 일심으로 끝나는 거예요. 아무 죄도 없는데 어떤 사람이 어떤 말을 퍼뜨리면 삽시간에 퍼져나가고 기정사실처럼 되어버려요.

비근한 예로 '루저' 발언이 문제가 된 적이 있어요. 사람을 신체적으로 키가 작으면 패자다, 쓸모없다 한 건 물론 잘못했죠. 그러나 그렇게까지 잘못했냐 이겁니다. 살인을 해도 그렇게 혹독할 수가 없습니다. 개똥녀도 유명합니다. 개를 데리고 지하철을 탔다가 개가 똥을 쌌는데 개똥을 안 치우고 가니까 사람들이 뭐라고 했습니다. 그러니까 오히려 대들면서 강아지 끌고 나갔어요. 이게 인터넷에 오르고 전국적으로 퍼지면서 평생 달고 다니는 발언이 된 거죠. 그게 그렇게 죽을 죄를 지은 겁니까? 잘못했지만 그렇게까지 잘못한 것은 아닌데 문화라는 것이 얼마나 무서운지 결국 목매달아 죽었잖아요. 법은 삼심이 있지만 떠돌아다니는 품평이나 인격적인 소문, 혀는 사람을 죽인다는 겁니다. 그게 세미오시스입니다.

모두 용감하게, 재빠르게, 민첩하게, 용기 있게 뛰어!

법은 노모스라고 합니다. 법규, 사규, 규정. 종이에 대고 도장 찍는 것이 노모스입니다. 피시스는 절대 못 바꿔요. 누구도 그 법칙을 못 깹니다. 그런데 노모스는 인간이 만든 것이기 때문에 바꿀 수가 있어요. 어제까지 있던 법, 오늘 뜯어고칠 수 있듯이요. 자연은 원래 고치기 어렵습니다. 노모스가 고치기 제일 쉽습니다. 그래서 법치주의가 좋은 거예요. 문화라는 것은 몇천 년간 바뀌지 않아요. 자연은 말할 것도 없어요. 그런데 노모스는 바뀔 수가 있습니다.

이 세 가지 아닌 것이 없어요. 물병만 보더라도 물은 곧 피시스. 삼다수라고 쓴 건 세미오시스. 여기에 정가와 유효기간 붙이는 건 노모스. 오늘부터 사물을 보면 무엇이 피시스, 노모스, 세미오시스인지를 파악해보세요. 뭐든지 그 세 가지로 구분이 됩니다. 어느 시대에는 피시스가 굉장히 높다가 세미오시스가 높아지더니 마지막에는 노모스가 커질 수 있습니다. 그 비율이 해마다 달라져요. 가령 호랑이해라고 해봅시다. 모든 사람이 호랑이는 포효하고 용맹하다고 얘기해요. 세미오시스를 쓸 줄 모르는 거예요. 모두 호랑이처럼 용감하게, 재빠르게, 민첩하게, 용기 있게 뛰어! 하지만 세미오시스를 조금 배워보면 기가 막힌 연설을 할 수 있거든요.

호랑이와 사자로 보는 세미오시스

우선 호랑이해라는 건 자축인묘진사오미신유술해에서 나온 거 아닙니까? 그건 12개월이고 동서남북 방향이에요. 우리나라의 세미오시스, 즉 문화를 알고 있다면 경인년이 호랑이 인이고 지난해는 축이라는 걸 파악하고 있죠. 다음이 인, 그런데 띠 중에서 해자축이 겨울입니다. 돼지, 쥐, 소는 초겨울, 한겨울, 늦겨울이지요. 그러면 그다음에 오는 것은 인묘진이거든요. 호랑이, 토끼, 용. 그럼 호랑이는 초봄이겠네요. 내년은 완전히 봄이 무르익고 내후년에는 봄이 가고 여름이 오는 거죠. 금년이 바뀌는 해인 겁니다. 사실인지 아닌지는 모르지만 세미오시스, 즉 상징이 그렇게 되어 있습니다. 몇천 년을 그 상징 속에서 살아왔으니까 서양 사람한테는 안 통해도 동양 사람한테는 다 통해요. 방향으로 겨울은 북쪽이고 봄은 동쪽이니 초봄은 동북 방향이죠. 동북쪽을 귀문이라고 해서 모든 것이 바뀌는 방향으로 봅니다.

그러면 이걸 아는 사장은 "용감하고 민첩하게"라고 하지 않고 "우리나라가 몇천 년 동안 믿어온 띠가 있는데, 호랑이 띠는 모든 겨울이 가고 봄이 오는 초봄입니다. IMF, 금융 파동 다 자축인묘로 보면 우리의 노력으로 겨울 다 갔습니다. 이제는 새봄이 오는 겁니다."라고 합니다. 이걸 동물원에서 본 호랑이를 떠올리고 "호랑이 힘 세잖아. 우리 한번 해보자."라며 무식하게 얘기하는 것과 같겠어요? 이건 2천 년의 우리 상징을 얘기하는 것 아닙니까?

조금 더 공부한 사람이라면 제임스 왓슨이 쓴 생태학의 호랑이에 대해서도 얘기가 가능합니다. 호랑이는 아무리 배부르게 먹어도 울부짖고 바위 올라가서 뛰어다니고 하는데 사자는 같은 맹수인데도 잔뜩 배부르면 절대 안 움직이고 나무 그늘 찾아서 잡니다. 잠자는 사자라는 말이 그냥 생긴 말이 아닙니다. 호랑이는 배가 불러도 계속 왔다 갔다 하는데 사자는 사람들이 와서 찌르고 해도 그냥 잡니다. 호랑이는 새것

을 찾는 네오필리아, 새것을 좋아하지 않는 사자는 네오포비
아라고 합니다. 우리 모두 호랑이가 됩시다. 우리 회사가 1등
했다고 해서 "이만하면 됐죠. 이제 잡시다." 하는 게 사자입니
다. 호랑이는 아무리 배가 불러도 울부짖고 끊임없이 새것을
찾습니다.

50미터 강풍에도 떨어지지 않는 사과

이제 노모스, 세미오시스, 피시스의 실용적인 예를 들어볼
게요. 2000년이 되려고 하던 1999년인가 태풍 19호가 일본
아오모리현의 쓰가루시를 강타했어요. 초속 50미터에 달하
는 태풍입니다. 쓰가루는 전 동네가 그 유명한 쓰가루 사과
를 재배하는 곳입니다. 아침에 그렇게 태풍이 몰고 가서 수
확기에 사과가 다 떨어지고 10퍼센트만 매달려 있는 겁니다.
알다시피 낙과는 상품 가치가 없고 주스도 못 만듭니다. 농
가는 그걸 팔아서 내년 농사를 지을 수 있는 자본을 만들어
야 하는데 낙과가 되어서 수익이 90퍼센트가 달아났어요. 그
런데 10퍼센트도 바람이 부니까 상처가 나서 사방이 다 뜯겼

어요. 낙과는 물론이고 안 떨어진 것도 상품 가치가 없는 겁
니다.

이때 아오모리 사람들은 세 가지 반응을 보였습니다. 주로
주부들은 한국식으로 아이고, 내 팔자야, 하고 울었어요. 이
시골구석에 들어온 것도 억울한데 하느님도 무심하시지, 엊
그제까지 멀쩡하던 게 다 떨어졌다고 통곡하며 우는 거예요.
이걸 인디언 필링indian feeling이라고 해서 인디언들이 물을 이
고 가다가 물동이를 깨면 빨리 수습하지 않고 거기서 같이
울어줘가면서 그래도 힘내야지, 하거든요. 우리나라도 무슨
일이 있으면 동네에 나와서 아이고, 아이고 하고 울었잖아요.
그럼 사람들이 와서 동조해주고. 이것은 감정을 카타르시스
로 승화하는 방법입니다. 그러나 운다고 떨어진 게 다시 붙
습니까? 울어봤자 아무 소용이 없는 겁니다.

두 번째, 떨어진 사과를 어떻게든 팔 생각을 하는 거예요.
손해 난 것만 보는 겁니다. 부정적인 사람이죠. 세 번째 사람
은 떨어진 것은 떨어진 거고 아직도 붙어 있는 10퍼센트에 희
망은 아직 있다. 90퍼센트는 따지지 말고 남아 있는 저 10퍼
센트가 내 희망, 내가 할 일이야, 라는 사람이예요. 이것이 소
위 유명한, 물병에 물이 반 차 있을 때 반이 차 있네, 하는 사

람하고 반밖에 없네, 하는 사람의 차이죠. 이에 따라서 세미오시스는 달라집니다. 피시스, 노모스는 달라질 것 없지만 세미오시스는 완전히 달라지는 겁니다. 즉, 사실은 못 바꾸지만 사실을 해석하는 코드는 바꿀 수 있다는 거죠. 이게 패러다임 시프트입니다.

다 떨어지지 않았네. 초속 50퍼센트로 불었는데 안 떨어진 녀석도 있구나. 하고 10퍼센트를 보는 사람과 동네 사람 모여서 회의를 한 겁니다. 10퍼센트의 사과를 처분하는 방법을 생각하다가 한 사람이 그런 거예요. '떨어지지 않는 사과' 이걸 상징으로 팔 수 있지 않을까? 안 떨어지는 사과. 다 떨어졌는데 안 떨어지고 남은 상징성을 가진 사과. 안 떨어지는 게 뭐지? 대학이 있잖아. 대학 입시 시즌이 왔으니까 이거 먹으면 대학에서 안 떨어진다고 팔아보자. 이렇게 해서 아무 관계가 없는데 상징을 갖다 붙여가지고 '떨어지지 않는 사과'라는 일종의 브랜드를 만든 겁니다. 후지ふじ라고 하는 사과의 브랜드를 바꾼 것입니다. 그러니 언어 파워가 중요합니다. '떨어지지 않는 사과'라고 하는 순간, 이 사과는 피시스에서 상징적인 세미오시스가 되었습니다. 사과에다가 떨어지지 않는 사과라고 멋있는 로고를 붙여 디자인했습니다. 50미

터 강풍에서도 떨어지지 않는 사과이니 이걸 먹으면 틀림없이 대학에 붙을 거라고요. 이걸 먹고 떨어지는 사람 없다. 이렇게 판 거예요.

어떻게 피시스를 세미오시스로 바꿀 것인가

그런데 이게 사기죄에 걸릴 일이 없는 게, 광고에 떨어지지 않는 사과라고 이름만 붙여서 상징적으로 얘기했지, 피시스로 판 게 아니라는 겁니다. 피시스로 팔면 사기죄가 되겠죠. 이제 머리 좋은 사람이 "우리가 남은 사과도 몇 개 안 되는데 원래 거래처에다가 팔면 안 팔릴 거야. 이것은 보통 사과가 아닌 상징적인 사과이므로 떨어진 값의 10배를 받자. 그러면 90퍼센트 몫을 우리가 다 받으니까 수익을 올릴 수 있을 거야." 하고 한국에서처럼 부모들이 합격을 기원하러 오는 진자神社 네 군데에다가 판 겁니다. 마케팅에서 성공한 거예요. 널리 퍼지지 않고 집중 마케팅을 하면 홍보하는 데 드는 비용이 확 떨어져서 이익 보기 쉽다는 거죠.

가령 우리가 잘 아는 양대 제과 업자들이 있어요. 이게 동북지방에서 신제품이 나와 휩쓰는 겁니다. 경쟁하지 말고 그쪽을 포기해 수요가 있는 곳에 집중적으로 판매할 의도로 관동, 관서로 나눠 완전히 한쪽에서만 판매했습니다. 일종의 전략들이 마케팅 효과를 높이느냐, 줄이느냐를 잘 따져야 하고 덮어놓고 팔면 안 되는 거죠. 향수를 값싸게 팔아보세요. 절대 안 사요. 싼 제품에다가 10만 원 붙이고 비싼 제품에 만 원 붙이고 백화점에 팔아보니까 10만 원 붙인 싼 제품은 더 나가고 만 원 붙인 비싼 제품은 안 나가는 거예요. 마케팅의 성공이었던 것입니다. 이런 마케팅을 가능케 한 것이 뭐냐, 문화입니다. 떨어지지 않는 사과는 사줄 수 있는 상징성, 문화적 기반이 있었습니다. 진자라는 종교, 합격을 기원하는 토착적 미신들이 남아 있던 그 문화를 이용한 거예요. 상품경제 시스템을 문화 시스템으로 바꾸는 순간, 평범한 상품은 문화 상품이 됩니다. 피시스가 세미오시스가 된다 이겁니다.

세미오시스, 노모스, 피시스를 구비하기

이렇게 보면 골프장, 스키장, 엔터테인먼트 전부가 하드웨어를 소프트웨어로 바꿔서 문화 상품으로 만드는 구조입니다. 강연장 근처에 기가 막힌 산책길이 있더군요. 걸어보니 사람들이 멋쩍어합니다. 가다가 만나면 인사할 수도 없고 트레이닝복 입고 거북한 거예요. 그러니까 길을 두 개 내요. 그렇게 하면서 시골의 풀이라는 야생화를 가져와 드문드문 심는 게 아니라 철에 따라서 길 전체를 해바라기로 심든, 질경이로 심든 그렇게 쫙 깔린 길, 여기 아니면 못 보는 길을 만드는 겁니다. 이렇게 야생화 축제 해서 무슨 꽃이 피는지 알려주고 콘도에 온 사람들도 좋아하도록 하는 거죠. 어렸을 때 읽은 『하이디』 속 스위스 고원에 있는 만화적인, 이 세상에 없는 것 몇 개만 장치해놔도 사람들은 찾아옵니다.

그런데 왜 못 하냐? 경영자들이 문화 마인드보다는 경제적인 마인드가 강하기 때문이죠. 교회를 아름답게 지어놓으면 나처럼 예수도 안 믿는 사람이 아침만 되면 가보고, 문이 열렸으니까 안을 들여다봅니다. 죄송한 얘기지만 고문이 이와 같은 것들을 제안하면 대부분의 CEO는 가뜩이나 돈 쓸데 많은데 그림 같은 거 걸어놓으면 누가 훔쳐 가면 어쩌나, 그냥 싼 그림도 많구만. 그림 하나에 천만 원짜리인데 그 돈으로 여기다가 길 하나 더 내자고 하잖아요. 문화 마인드를 가진 CEO는 늘 죄인처럼 밑에 사람들 보기도 어렵고 말도 하기 어려운 겁니다.

예전에 경주 힐튼호텔 개업식에 갔거든요. 거기 온 기업인들은 '여기에 미술관 지어서 뭐 해? 전등 하나가 얼마래. 자외선 차단이라는데 그냥 전등 쓰지, 뭘 저걸 써.' 전부 발상이 이런데 어떻게 하겠습니까? 결과적으로 이발소 그림 같은 거 갖다 놓고, 그림도 사진틀을 높은 데다 달아요. 그거 보면 무식한지 아닌지 금세 아는 겁니다. 눈높이에다가 붙여야지, 보라고 붙인 것을 왜 저 위에다 붙입니까? 가장 시선이 잘 가는 데다가 붙여야죠.

아까 얘기했지만, 여기 산책로가 참 아름다워요. 이렇게 아름다운 곳에 자연 훼손하지 말고 대표적인 한약재를 철마다 볼 수 있도록 질경이, 민들레를 심어서 비료 줄 것도 없이 봄이 되면 언덕 전체가 민들레로 노랗게 되고 하얘지면 따서 불고 그럴 때 민들레 축제 하고 도라지 축제 하고, 온 사람들이 다 구경하게 하고 약재로도 팔면 어떻겠습니까? 그랬다면 대박 났겠죠. 이렇게 뭔가가 엔터테인먼트도 되고 약재도 되는, 즉 세미오시스도 되고, 피시스도 되고, 노모스도 되면서 법에 걸리지 않는 개발을 해보자는 겁니다. 무언가를 개발할 때 세미오시스, 노모스, 피시스 세 개를 다 점검해서 구비하면 절대로 망하지 않습니다. 사과를 그렇게 팔아서 농가는 보통 때보다 돈을 1.5배를 더 벌고 전국적으로 유명해졌어요.

떨어진 사과에 대한 세 가지 접근 방식

그 떨어지지 않은 사과를 일 년만이 아니라 지속적으로 판매했습니다. 지금도 매년 졸업식에는 쓰가루의 떨어지지 않은 사과를 먹는 것이 전통처럼 됐습니다. 그러나 상징성만 가지고는 안 됩니다. 피시스가 있어야 합니다. 틀림없이 미국 사람 같았으면 떨어지지 않은 사과의 상징성보다는 은행 가서 저리로 대출받자고 했겠지요. 손해배상이 있으니까 신청하자. 이게 노모스입니다. 그래서 보험 제도가 있고 손해배상하는 상해보험이 있는 겁니다.

그다음에 상징성이 아닌 피시스로 접근해봅시다. 다른 건 다 떨어졌는데 애들은 왜 안 떨어졌지? 과학적으로 접근하는 겁니다. 조사해보니까 다른 데는 질소를 많이 줬는데 여기는 농약을 안 쳐서 자연적으로 떨어진 것 같습니다. 안 떨어진 기업과 떨어진 기업의 사과들을 모조리 조사해서 태풍에도 견디는 장치를 만들고 농약을 만듭니다. 그러다 그 낙과 예방 농약을 친 사과를 먹으면 암에 걸린다고 방송국에서 보도하면서 쑥대밭이 됐어요. 몇십 년 농약 뿌린 건데 그거 먹으면 10년 내에 암이 걸린다는 거죠. 그런데 이 보도에 근거가 없는 거예요. 그래서 피해자가 아닌 지식인들이 고소를 했어요. 그때 인격권뿐만 아니라 농산품에 대한 명예도 훼손시켰을 때는 손해배상을 줘라, 하면서 과일에도 명예훼손죄를 적용한 겁니다. 그래서 앞으로 농산품의 가치를 떨어뜨리는 행위에 배상청구를 할 수 있도록 법이 새로 생긴 거죠.

언론이 과대로 기사를 내보냈을 때 얼마나 무수한 사람들의 운명이 바뀝니까. 방송 하나로 그 일대 사과 농사짓는 사람들은 전부 쪽박 차고 과수원도 폐허가 되어버렸습니다. 알고 보니까 쥐한테나 영향이 있지 사람한테는 효과가 없다고 판명됐지만 때가 늦었어요. 이렇게 무서운 거예요. 이런 사회에서 죄가 없어도 풍문으로 떠돌 때는 속수무책으로 당할 수밖에요.

이 세상의 역사는 50~60퍼센트의 유연성으로 만들어진 겁니다. 그게 없었다면 오늘 우리는 있지 않아요. 그런 우연적인 요소가 역사를 만들었기 때문에 약한 사람도 살고 강한 사람도 지고 하지, 알렉산더대왕도 세상을 다 말아먹을 수 있었는데 모기 한 마리에게 물려서 말라리아로 죽잖아요. 이게 역사입니다. 절대로 합리주의가 모든 것을 지배한다고 생각하지 마세요. 과학도 60퍼센트밖에 안 맞습니다.

디지로그의 시대가 온다

이상하게 생각할지 몰라도 제가 여태까지 쓴 키워드를 보세요. 제가 디지로그 쓴 게 언제인가요? 지금 전부 디지로그입니다. 아이폰도 화면에서 손을 움직이는 것에 따라서 크기가 커지고 작아지고 하죠. 버튼은 디지털입니다. 그런데 버튼 안 누르고 손으로 조절하는 것은 아날로그죠? 순전히 이 사람들이 디지로그를 이용한 거거든요. 인터넷과 오프라인을 이어준 거잖아요. 아이튠즈에서 음악 다운받아서 그것을 아이팟이나 MP3에 붙인 거예요. 워크맨에도 있는 겁니다. 그런데 아이튠즈 만들어서 거기다가 MP3라는 도구랑 매치시켜서 다운로드 하게 만든 것이죠.

협틱 기술이라는 것은 원시 기술이죠. 옛날 기계식은 다 눌렀는지 아는데 요즘은 터치라 눌렀는지 안 눌렀는지 잘 모릅니다. 디지털카메라로 찍고서 찍혔는지 잘 모르니까 확인하잖아요? 내 육체적인 것과 기계와의 인터페이스가 없는 겁니다. 내 몸뚱이와 기계의 통로를 만들어주는 게 디지로그예요. 우리가 버렸던 촉각, 시각, 미각, 촉각, 청각, 후각을 집어넣었습니다. 그런데 다른 건 다 빠지고 청각 정보와 시각 정보만 들어가니까 몸 나간 사람이 되는 거잖아요. 옛날엔 정신 나간 사람이 됐었지만 지금은 몸 나간 사람이 되는 겁니다. 시청각만 들어가고 몸은 모르는 거죠. 그러니까 사람을 찔러 죽이고도 죽인 걸 모르는 거예요. 피 나도 뭔지 몰라요. 죽은 애한테 만나면 미안하다고 전해주세요, 라고 하는 것. 이게 아날로그 결핍증이죠. 디지털 환경에서 인터넷만 하는 엄지족들은 육체의 감각을 상실하고 있습니다.

위wii가 대박을 친 이유가 뭡니까? 보통은 조이스틱으로 골프를 치는데 실제로 골프 치듯이 만들었기 때문입니다. 소니의 플레이스테이션3는 슈퍼컴퓨터거든요. 슈퍼컴퓨터는 유도탄 계산이 돼요. 그런 어마어마한 셀을 도시바와 IBM이 만든 겁니다. 거기다가 블루레이라고 해서 DVD의 100배 수준 해상도가 나와요. 그러니까 그걸로 비행기를 날리고 자동차를 운전하면 현실하고 똑같은 겁니다. 우리 모니터의 수십 배 되는 것을 블루레이가 만든 거예요. 그때 소니가 회심의 미소를 지었죠. 이제 일류가 될 것이라고 생각하면서요. 닌텐도와는 게임이 안 된다고 믿어 의심치 않았는데, 닌텐도가 디지로그를 실행한 겁니다. 실제 오프라인에서 하는 동작을 게임 속 플레이어도 똑같이 움직이는 무빙 센서를 달았어요. 바를 가지고 탁구, 볼링, 복싱, 골프가 다 되니 재미있을 수밖에요.

벌써 제가 오래전에 낸 이론을 갖다 쓴 겁니다. 제 것을 갖다 썼다는 게 아니라 그 콘셉트가 디지로그라는 말입니다. 그렇게 3, 4년 동안 완전히 평정하던 위가 요즘 안 나와요. 디지로그 시스템을 알았으면 제2, 제3의 디지로그를 만들었을 텐데, 그저 뭐 하나 만들면 끝까지 그거만 하다 망하는 게 바보예요. 이게 되니까 그냥 그거만 한 거예요. 제3, 제4의 디지로그 제품을 만들었어야죠. 위만 가지고 계속하니까 처음엔 재밌지만 나중엔 흥미가 떨어지죠. 그래서 4, 5년 동안 원사이즈 게임을 하던 위가 폭락을 하기 시작하는 겁니다.

아사히카와 동물원에서 배울 것들

　단순한 교양강좌가 아니라 머리를 어떻게 써서 새로운 트렌드를 만들어나갈지 말씀드리는 겁니다. 예를들면 홋카이도의 아사히카와 공항에서 들어오면 조그만 마을이 있어요. 거기 가면 아사히카와 동물원이 있습니다. 요즘 사람들은 동물원 안 가요. 전시되는 동물이 다 그렇잖아요. 보통 동물원 가면 백곰이 어슬렁어슬렁 다니고 그럼 재미가 없죠. 그런데 거기는 동물을 야생동물처럼 움직이게 만든 거예요. 백곰이 저 위에 있고 밑에는 수조예요. 그리고 사람이 물통 밑으로 지나다니는 겁니다. 그러면 저 위에서 곰이 바위에서 내려다보고 있어요. 백곰이 위에서 보면 사람 머리가 꼭 먹이처럼 보이거든요. 그러니 사람을 향해서 점프하고 뛰는 겁니다. 첨벙 하면서 물이 사방으로 튀고 사람들은 물 안의 곰을 볼 수 있습니다. 그래서 사람들이 몰려드는 거죠. 똑같은 동물을 가지고 보여주는 방식 하나를 바꿈으로써 전혀 다른 결과를 냅니다.

　새들만 해도 그래요. 어디 가서 숨었는지 사람들 가면 없어집니다. 하지만 거긴 먹이를 반드시 사람들 앞에서 주게 되어 있어요. 원숭이들은 먹이를 우리 안에서 주지 않고 바깥으로 끌어내서 주니까 사람들이 전부 와서 구경하죠. '가끔 오줌을 싸니까 조심하십시오.' 하고 쓰여 있습니다. 이게 실감 나잖아요. 게다가 해설서는 전부 어린애들이 그린 그림으로 글자를 써 붙였습니다. 동네 애들이 그린 겁니다. 이런 것은 한국에서 가르쳐줘도 절대로 안 하더라고요.

CEO를 깨우치는 창조적 두뇌

그래서 제가 창조학교를 만든 거예요. 팔십 먹은 노인과 열 살 아이 들이 나이가 많다는 이유로, 어리다는 이유로 버려진 창조적인 두뇌를 모으는 겁니다. 주변국들에 껴서 살아갈 우리 자손들에게 줄 것은 창조적 두뇌밖에 없습니다.

한국에서는 창조적인 아이디어를 줘도 가져가는 사람이 없습니다. 저는 창조인을 만들려는 게 아니라 창조인을 알아주는 사회를 만들려고 하는 겁니다. 저는 기업에서 창조적인 CEO가 나오기를 바라지 않습니다. 그저 창조적인 두뇌와 발상을 가진 사원들을 알아달라는 겁니다. 그게 어제 들어온 사람이든, 아주 미운 짓만 하고 돌아다니는 말썽꾸러기든 창조의 능력을 알아주는 CEO가 돼라. 그런데 지금은 새로운 아이디어가 간부에게 올라오면 올라갈수록 난도질을 해가지고 코 자르고 해서 평범해지는기 부지기수예요. 튀는 것은 안 받아주는 겁니다. 새로운 것이니까, 안 해본 것이니까 위에 올라가면 깨집니다. CEO들은 다 백전노장들이라 이미 경륜을 쌓았기 때문에 절대 새로운 사람이 안 됩니다. 채용 면접에서도 다 아는 해답 주고받는데 그게 어떻게 신입 사원입니까? 나도 모르는 것을 가져오는구나. 세상이 이렇게 바뀌었구나. 이런 애들이 신진 대상이구나. 깨우치는 사람을 뽑아야지, 내가 이미 아는 걸 갖고 있는 사람을 뽑으면 그 신입 사원은 나와 똑같은 사람일 뿐입니다. 그 회사는 결과적으로 새 사원 안 뽑은 거예요. 그러니까 고만고만한 사람들, 입학 시험 치듯이 밤새운 애들만 뽑는 겁니다.

세계에서 나노테크놀로지로 가장 유명한 회사가 있는데, 거긴 입사 시험이 없어요. '지금 5밀리미터까지 떴는데 2밀리미터로 단축한다. 그런 사원을 뽑으니 이것을 개척할 만한 사람들 내일 와라.' 해서 선착순으로 끊는 겁니다. 그러니까 선착순으로 온 순서대로 뽑는 겁니다. 내가 2밀리미터 하겠다고 제일 먼저 찾아온 사람이 하지, 성적 좋은 사람은 못 하는 거죠. 이렇게 시험을 보는 방식부터가 독창적이어야 합니다.

패러다임 시프트는 우리가 지금까지 안 해보던 일을 해보는 것입니다. 벤처기업이 아니라면 파일럿 프로그램 몇 가지를 해보세요. 파일럿 프로그램을 안 해보는 회사는 가만히 있으면 후회할 뿐입니다.

패러다임을 바꾸는 사람이 이긴다

우리는 이제 어제까지 하던 방식으로 하면 죽어요. 세상이 그렇게 바뀌었어요. 창조가 요구되지 않던 시대에 뛴 사람, 걸어온 사람, 기어 온 사람 모두 평지에서나 차이가 나지, 낭떠러지 앞에서는 똑같습니다. 날개를 달고 나는 사람이 이기는 겁니다. 패러다임을 바꾸는 사람이 이깁니다.

베이징 올림픽 보셨죠? 장이머우 감독이 수십만 명 가지고 인해전술을 썼지만 저는 단 한 명이었습니다. 한국전쟁 때 "엄마" 하고 울던, 깡통 차고 가난하던 한국이 올림픽을 치르니까, 바덴바덴에서 "서울" 할 때 태어난, 끌밋하게 잘생긴 윤태영 군이 그 정적 속에서 굴렁쇠 굴리며 지나갔습니다. 그것은 13억 인구를 다 들여와도 안 되는 겁니다. 우리가 이길 수 있다는 거죠. 한 사람이 대낮에 굴렁쇠 굴리는 건 절대로 그들이 못합니다. 역사적으로 우리가 했기 때문이지요. 돈을 안 들이고서도, 13억 인구 안 들이고서도 이길 수 있는 길, 그게 창조입니다.

창조적인 상상력을 가지세요. 그것이 안 되면 창조적인 사람을 알아보고 그 사람들의 창조적인 생각을 받아들여주세요. 자기 생각도 안 되고 남의 창조도 몰라주면 가만히 있으세요. 자신 없으면 가만있는 게 도와주는 거예요. 이 세 가지만 있으면 틀림없이 그 회사는 망하지 않습니다. 창조력도 없고 창조도 못 알아보는 사람이 부지런만 해가지고 틀린 패러다임으로 몰고 가면 잘못 박은 못은 때릴수록 빗들어갑니다. 뽑아서 바로잡을 수 없으면 망치질하지 마세요. 전자 제품 사면 '고장 시 손대지 마시오.'라고 쓰여 있잖아요. 알지도 못하면서 이리 뜯고 저리 뜯으면 절대 고칠 수 없게 된다는 거죠.

자연에서 창조해내는 바이오미미크리

일본의 히트 상품 세 개로 이야기를 끝내겠습니다. 3대 히트 상품이 전부 '있다'를 '없다'로 바꿔서 나온 겁니다. 선풍기, 당연히 날개가 있지요. 그런데 날개 없는 선풍기가 대히트를 쳤어요. 그리고 전기밥솥. 수증기가 있다, 없다? 있지요. 그 수증기 없애버렸어요. 그래서 아무 데서나 밥을 할 수 있게 했지요. 다리미 뜨겁다, 안 뜨겁다? 이 또한 다리미를 뜨겁게 한 게 아니라 다리미판을 뜨겁게 해서 데일 염려도 없고 전력도 덜 들게 만든 겁니다. 다리미판에다가 열을 집어넣은 거죠. 순전히 있다를 없다로 만든 패러다임의 변화 하나로 전 시장을 휩쓸었습니다. 이런 게 절대로 어려운 것 아닙니다.

일본의 소니, 토요타, 샤프 같은 그 신화적인 기업들이 현재 어떻게 무너지고 있는가를 보고 위기의식을 가져야 합니다. 지금 패러다임 시프트하지 않으면 그것이 바로 우리의 미래가 되는 겁니다. 제조업에서 새로운 지식산업, 새로운 생명자본주의 시대가 왔습니다. 옛날에는 애들이 울 때 호랑이 온다고 하면 뚝 그쳤어요. 자연이 우리를 지배하던 시절이었으니까요. 그다음에는 순경 온다 그러면 뚝 그쳤어요. 지금은 순경 온다고 울음 그치는 애들이 어딨어요? 요즘은 의사 선생이 주사 놓는다 하면 꼼짝 못 해요. 치료를 해야 하는 의사가 제일 무서워서 되겠어요?

인권이 제일 짓밟히는 데가 병원이에요. 사람을 놓고 입을 막아놓고 쑤시고. 어떻게 그게 의료입니까? 지금은 모기 물릴 때 아프지 않은 것을 이용해 모기의 바늘을 모방하여 무통 주사를 만들었어요. 이것을 바이오미미크리라고 해서 상품으로 만들고 있는 거예요. 이게 생명자본주의예요.

자연이야말로 하늘이 만든 기가 막힌 발전입니다. 시속 160킬로미터로 달리는 타조가 통닭 되는 거 보셨어요? 자동차로 한번 그렇게 달려보세요. 빨갛게 타요. 그러니까 심장 같은 엔진을 달고 다니면 왜 공해가 생기고 왜 배설이 나오겠어요? 산업주의의 상품 생산 기술 자체를 바꾸자. 그게 바이오미미크리이고 자연자본주의이고 생명자본주의입니다. 지금까지는 물질을 놓고 물질을 뽑아냈지만 이젠 생명을 놓고 생명을 뽑아내야 합니다.

창조력과 열정, 삶의 기쁨으로 하루하루를 산다면

지금 산과 강, 사람들을 보는 게 마지막이라고 생각하면서 삶을 살아간다면 창조력과 열정과 기쁨으로 매일 입에서 감탄사가 터져 나올지 모릅니다. 살아 있는 게 얼마나 기쁘고, 직장이 있는 게 얼마나 평온하고, 내가 어제까지 없던 것을 새로 만들어내는 것이 얼마나 보람 있는지를 알고, 시인과 같은 마음으로 일한다면 최고가 된다고 생각합니다. 저 자신이 그렇게 살아왔습니다. 그 순간순간을 어제와 다르게 살려고 했던 마음 하나로 오늘 여기까지 온 것입니다. 그게 내 건강의 비법입니다. 스티브 잡스의 말처럼, 여전히 배고프고 어리석은 그 초심을 잊지 마시고 훌륭한 사람이 되길 바랍니다.

우리나라의 교육, 정치, 경제, 사회, 문화 역시
모든 게 복잡해 보이지만

존재론과 생성론, 소유론
이 세 가지 프레임으로 갈 수 있어요.

여기서 제일 아래가 소유, 죽는 것을 전제로 한 물질이고
두 번째가 존재입니다.

이는 육체뿐 아니라 정신 영혼을 이야기하는 것이
바로 존재론이지요.

그런데 그걸 뛰어넘은 것이 바로 생성론입니다.
여기엔 끝없이 과정이 있어요.

9

문명으로 도래한
생명

― 끝없는 과정으로 기능하는
자본주의 시스템

■ 이대 사학 연구소 제10회 김옥길 기념 강좌

과연 우리에게 출구가 있는가

　오늘날은 산업자본주의, 금융자본주의가 거의 기능을 멈춰 버렸습니다. 자연자본주의는 호켄, 창조자본주의는 빌 게이츠가 얘기해왔지요. 1년 사이, 우리는 리먼 브라더스의 금융 폭격을 목격하며 소위 지식정보사회라는 것이 머니게임을 통해 파생상품을 만들고 거품을 만들어 결국 생산하지 않는 돈, 생산하는 것이 늘어도 취직할 데가 없는 기막힌 모순을 겪고 있습니다. 여러 가지 환경 재앙이나 금융 충격이나 각 처에서 일어나고 있는 자폭 테러 등을 보십시오. 300년 전부터 내려온 산업근대화, 즉 근대주의와 산업주의가 우리 눈 앞에서 붕괴되고 있는 현상을 볼 수 있습니다.

산업주의는 폐기물이라는 말과 동의어로 쓰입니다. 농업 사회만 하더라도 어느 정도 자원의 순환이 가능했습니다. 신고 있던 짚신이 다 닳아 없어져도 다시 논밭에 쌓아둔 볏짚으로 짚신을 만들어 신을 수가 있었지요. 다시 말해 지구의 자원을 크게 소모하지 않을 수 있었습니다. 그런데 이 지구 자원, 특히 지하자원은 한 번 캐내면 재생산이 안 됩니다. 그냥 사라지는 것이지요. 산업주의는 농업사회와는 다릅니다. 재생산이 불가능하고 재투자를 하지 않는 사회조직입니다. 우리는 300년 동안 이러한 구조에 너무나도 익숙해졌습니다. 농업사회에서 이루어졌던 순환의 과정을 버리고 기계와 산업의 시대로 들어섰습니다. 모두들 농업사회에서 산업사회로 넘어가는 것이 굶주리고 가난한 사람이 사라지고 모두가 평등해지는 길이라 여겼지요.

산업주의의 패러다임을 바꿔라

오늘날 산업사회가 막다른 골목에 다다라서야 우리는 순환의 중요성에 대해 깨닫게 되었습니다. 빠른 속도로 압축 성장해온 산업주의 시대의 교육, 정치, 문화, 사회 전반에 대한 패러다임을 바꾸지 않고서는 살아갈 수 없는 시점에 도달한 것입니다. 이러한 변화의 흐름은 서양에서 동양으로, 북반구에서 남반구로 서서히 옮겨오고 있습니다. 눈에 띄게 성장하고 있는 인도와 인도네시아 그리고 브라질을 비롯한 남아메리카를 보십시오. 반대로 지금까지 산업주의를 기반으로 성장해온 나라들, 과거 선진국이라 불렸던 국가들은 큰 곤욕을 치르고 있습니다. 북반구에 뭉쳐 있던 부가 서서히 인도와 남미 쪽으로 옮겨가고 있습니다.

문명 역시 주목해야 합니다. 소위 지식정보 사회의 모든 지적 자원으로 손꼽히는 반도체나 하드웨어 등은 많은 부분을 한국과 일본이 주도해왔습니다. 예전만 하더라도 우리가 일본을 이긴다는 건 상상도 하지 못했습니다. 올림픽의 김연아에서 끝나는 것이 아닙니다. 삼성이 소니를 꺾고 있습니다. 우리나라에 최초로 텔레비전이 들어온 것은 군사혁명 때입니다. 일본에서 만든 텔레비전이 이때 들어왔지요. 일제 텔레비전만 보면 모두 재수없다고 탄성을 질렀습니다만, 역설적이게도 공급이 현저히 적어 전부 프리미엄이 붙어 있었습니다. 우리가 산업사회를 살아왔다는 것은 구체적으로 체계가 어떻고 이런 게 아닙니다. 지금까지 인간의 생명이 나온 것이 30억 년입니다. 이 30억 년 동안 최초의 생명, DNA를 가진 단세포가 나오고 그 안에 소위 여러분들이 미토콘드리아라고 하는 또 하나의 세포가 들어가 우리 몸속에 미토콘드리아하고 그때의 DNA들이 바다에서 살다가 육지로 왔다가 그래서 척추동물이 돼서 우리까지 온 여러분들의 몸속에는 적어도 30억 년을 지구와 함께 살아온 세월이 있는 것입니다.

존재론, 생성론, 소유론으로 보는 한국

그리스철학 이야기를 잠깐 해볼까요? 많이들 들어보셨을 겁니다. '만물은 유전한다', '존재하지 않는다, 생성한다' 이를 보면 그리스철학에는 생성만 있지 사물의 존재를 얘기하지 않아요. 흥미로운 점은 서양철학은 대개 존재 아니면 소유에 관계된 것이거든요. 그런데 그리스 시대에는 생성에 대해 이야기합니다. 바로 생명이죠. 우리나라의 교육, 정치, 경제, 사회, 문화 역시 모든 게 복잡해 보이지만 존재론과 생성론, 소유론 이 세 가지 프레임으로 갈 수 있어요. 여기서 제일 아래가 소유, 죽는 것을 전제로 한 물질이고 두 번째가 존재입니다. 이는 육체뿐 아니라 정신 영혼을 이야기하는 것이 바로 존재론이지요. 그런데 그걸 뛰어넘은 것이 바로 생성론입니다. 여기엔 끝없이 과정이 있어요.

한국은 존재론이나 소유론에는 아주 둔감한 사람들이에요. 흔히 '가지고 있다'고 하지요. 동사 'have'와 'be'를 같이 쓰는 것은 한국말밖에 없어요. 원래 두 동사는 나누어지잖아요. 이렇게 한국어를 따져보면 한국어의 큰 패러다임이 존재론적인 것인지, 또는 생성론이나 소유론적인 것인지 알 수 있습니다. 이러한 관점에서 보면 주역은 생성론적인 것이라 볼 수 있지요. 태극기에도 들어 있지만, 주역은 아래부터 점점 커지며 올라갑니다. 전부 올라가면 다시 밑으로 내려오죠. 그러니까 이 세상에 물질이 있는 게 아니라 끝없이 음양이 교체되거나 융합되거나 대립되면서 오는 'becoming'입니다. 이런 주장을 한 이들이 헤라클레이토스 같은 사람들이죠.

이러한 주장을 우리나라에 한번 도입해봅시다. 한국 사람들이 근대에 이르기까지 약 100년 동안 산업화를 위해 얼마나 애써 왔습니까? 산업화가 어느 정도 되었을 때 그다음으로 온 것이 바로 학생들을 중심으로 한 민주화입니다. 대표적인 것이 4·19혁명이지요. 어느 정도 산업화가 이뤄지자 그동안 억압되고 구속됐던 것들이 뒤이어 나온 겁니다. 다시 말해 민주화라는 것은 산업화가 있었기에 존재할 수 있었던 셈입니다. 민주화의 개인 인권 운동과 평등주의는 프랑스혁명을 빼고 말할 수는 없겠지요. 프랑스혁명을 누가 이끌었습니까? 인간이라는 말을 만든 사람들이지요. 그들은 인간을 이성적 존재로서, 다른 짐승과는 확연히 구별되는 존재로서 인식했습니다. 다시 말해 인간은 이성을 가졌기 때문에 인간으로서 존재할 수 있었습니다. 우리가 보편적으로 쓰는 생물학적 인간이 아닌, 이성적인 존재를 뜻하는 '인간'이라는 말은 프랑스 개념입니다. 사르트르와 구조주의 등 이러한 인간사의 오랜 발자취를 이해하지 않고서는 산업화와 민주화의 과정을 절대 이해하지 못합니다. 그러니 우리나라에서 계속해서 벌어지고 있는 좌우 싸움처럼 우스운 게 또 없지 않나요? 정치하는 사람이 지식인화 돼야 하는데 우리는 지식인들이 정치화됩니다. 성급하니까요.

산업화와 민주화 이후, '생명화'라는 새로운 화두

산업도 마찬가지입니다. 순수과학에서 산업이 나온 것이지, 순수과학이나 기초과학 없이 어떻게 산업이 나왔겠어요. 그런데 우리는 거꾸로 가고 있습니다. 아직도 증기기관차를 제임스 와트가 물이 끓는 주전자를 보고 발견했다는 말을 하지 않습니까. 이것이 무조건 잘못됐다는 게 아닙니다. 어떻게 증기기관이 나왔는지 냉철하고 깊게 생각하지 않는다는 말입니다. 알다시피 제임스 와트는 그 뉴커먼 증기기관을 고치는 수리공이었어요. 탄광에서 최초로 증기력을 가지고 물 퍼내는 뉴커먼 증기기관이 훨씬 이전부터 쓰이고 있었습니다. 이미 특허품으로 나와서 특허료를 지불하고 있었습니다. 이것이 무슨 발견입니까. 다시 2,000년 전으로 거슬러 올라가볼까요? 증기의 힘을 이용해 큰 동력을 낼 수 있다는 사실은 고대 로마의 헤론이라는 사람이 먼저 발견한 바 있습니다.

그렇다면 여기에 왜 제임스 와트가 들어간 걸까요? 노예제도가 존재할 때는 인간의 노동력이 제일 저렴했기 때문에 기계가 발달하지 않았습니다. 노예가 노동력을 전부 담당하기 때문에 기계의 힘을 빌릴 필요가 없었던 겁니다. 그러나 노예제도가 사라지고 자유와 평등, 민주화가 되면 기계화도 함께 따라갑니다. 산업화 이전에는 이러한 노동을 말이 담당했습니다. 증기기관의 성능을 측정하기 위해 말의 힘을 기준으로 삼아 단위로 나타낸 것이 바로 마력인데 이 개념을 제안한 것이 바로 와트입니다. 그러고 보면 증기기관은 제임스 와트가 만든 것도 아니고, 뉴커먼이 만든 것도 아닌 셈입니다. 근대 산업화와 민주화에 따라서 만들어진 것입니다.

문제는 우리가 산업화에서 민주화로 넘어오는 단계를 깊게 생각하지 않는다는 점입니다. 우리 의식 속에서 너무도 당연하게 근대의 것을 받아들인다는 게 문제입니다. 산업자본주의나 금융자본주의에 대해 비판할 수 있는 경험이 부족합니다. 어릴 적부터 이러한 직간접적 체험이 없었기 때문에 산업화와 민주화가 이뤄지고 난 다음에는 무엇이 올 것인가 우리 스스로 깨닫기 어렵습니다. 타인이 주장하면 모를까, 우리 사회 속에서 산업화와 민주화 다음에 오는 것이 생명화라는 새로운 화두임을 떠올리기 쉽지 않겠지요.

생명화 시대의 무목적성

그렇다면 과연 생명화는 무엇일까요? 우리나라 고등학교 교육과정에 '바이오미미크리'라는 개념이 실려 있습니다. 우리나라에는 최근에 들어온 개념이지요. 해외에는 벌써 10년도 전에 소개된 개념인데 우리나라에는 전혀 소개가 되지 않았습니다. 여기서 우리는 바이오미미크리가 무엇이고 또 생명자본주의가 무엇인지 생각해보아야 합니다.

과거 세계적인 피겨 무대에서 메달을 경쟁했던 김연아 선수와 아사다 마오 선수를 기억하겠지요. 아사다 마오 선수는 '산업주의 시대의 아이', 김연아 선수는 '생명 시대의 아이'라고 할 수 있습니다. 이러한 사실은 이미 일본 사람들도 인정하는 부분입니다. 그들은 단순히 지난 밴쿠버올림픽에서 김연아 선수가 금메달을 땄기 때문에 놀란 것이 아닙니다. 어떻게 저런 선수가 있는지 놀랐던 겁니다. 생각해보십시오. 아사다 마오 선수는 상을 타지 못하고 경쟁에서 진 뒤에 감정적인 면을 여과 없이 보입니다. 이를 보며 일본 사람들도 따라 울었습니다. 하지만 김연아 선수는 달랐지요. 지면 지는 거고 이기면 재수가 좋은 것이라는, 아사다 마오 선수와는 확연히 다른 태도를 보입니다. 시대적인 시기는 비슷하나 전혀 다른 아이들이 태어난 셈이지요.

이런 현상은 산업화나 민주화처럼 인생의 뚜렷한 목표가 있는 게 아닙니다. 그 어떤 식물이 특정 목표를 두고 번져 가는 것을 보았습니까? 그저 형태가 없이 사방으로 뻗어갑니다. 지능이 있는 존재만이 특별한 데로 가지, 원래 생체라는 것은 어떠한 목표나 목적, 형체가 없이 그냥 가는 겁니다. 그러기 때문에 들뢰즈는 몸이라는 말을 쓰지 않지요. 그저 기관이라고 합니다.

세대 차이는 점점 더 격해지고 세대를 구분하는 것도 점차 세분화됩니다. 김연아 선수 세대와 2, 3년 늦게 태어난 아이들은 또 다릅니다. 올림픽에 태어난 아이들이거든요. 그 당시 깡통 차고 우는 고아들, 그게 전 세계적으로 알려진 한국의 이미지였어요. 독일 바덴바덴에서 서울을 목 놓아 외칠 때 태어난 그 아이를 제가 굴렁쇠를 굴리며 보여준 겁니다. 봐라, 당신들은 아직도 한국이 전쟁 때 태어난 고아의 나라로 알고 있겠지만, 이제는 더 이상 아니다. 이 아이가 그 깡통 든 아이인가? 그때의 아이들이 자라서 산업화와 민주화를 겪은 겁니다. 그 절실하고 비통한 시대, 최루탄 맞고 피를 흘리던 그 시대가 지나고 이제 비로소 생명화 시대가 온 겁니다.

그렇다면 생명화란 무엇일까요? 그것은 바로 무목적성입니다. 잘 알다시피, 마르크스주의자나 우파 시장주의자들은 모두 특정한 목표를 가지고 있습니다. 그러나 생명에는 어떤 목표가 있을까요? 생명 그 자체가 목표인 것입니다. 이는 희랍어로 '오토텔릭autotelic'이라고 합니다. 오토텔릭은 자기 자신을 목적으로 삼는, 즉 외부의 목적이 아닌 내재된 목적을 의미합니다.

거대한 생명 질서의 본질

우리는 왜 살고 있을까요? 그 질문에 대한 명확한 답을 하실 수 있나요? 대부분은 그저 괜히 대답을 붙여서 말할 수 있을 겁니다. 양심에 손을 얹고 진지하게 생각해보세요. 사실, 우리는 그냥 살아가는 거죠. 결혼도 마찬가지입니다. "왜 그 사람과 결혼했냐"고 물으면, 대부분 이상형이나 여러 이유를 들지만, 사실은 어쩌다가 만난 것일 뿐입니다. 그게 정말 계획된 일일까요? 결국, 많은 일이 우연히 일어나고, 우리는 이를 정당화하려는 경향이 있는 겁니다. 생명이라는 것은 목표가 없습니다. 살아 있는 것 그 자체가 환희이자 행복이지요. 당장 내일 굶어 죽는다 해도 오늘 하루를 살기 위해 버둥거립니다.

이를 곰곰이 생각해보면, 우리 사회나 문화, 교육 전반의 근본적인 문제는 생명 교육을 하지 않았다는 겁니다. 반드시 어떠한 목적을 붙이고 공동체를 만들고 집단화를 시키지요. 솔직히 말해서 여기 공동체를 부정하는 분이 있나요? 공동체에 속하길 부정하는 것은 즉 개인으로 살아야 한다는 뜻인데 이것이 얼마나 무서운 일입니까. 옛날에는 한 마을에 호랑이가 내려오면 마을 사람 중 한 명을 산신령에게 제물로 바치곤 했다고 합니다. 공동체를 위해 죽으라고 하면 마땅히 죽어야 하는 것이 집단 사회의 구조입니다. 하등동물일수록 집단성은 있지만, 개체의식은 약합니다. 반대로 고등동물일수록 개체의식이 강해지죠. 그래서 생명의 본질을 보면, 살아 있다는 것 자체가 거대한 생명 질서 속에 있다는 사실을 알 수 있습니다. 이것이 바로 생체기술입니다. 우리는 산업 기술, 즉 물리학이나 수학 등으로 인간의 환경을 만들어온 지 2,300년밖에 되지 않지만, 생명체는 30억 년에 걸친 생명 기술을 가지고 있습니다. 생명 기술, 즉 바이오테크놀로지는 그만큼 깊은 역사를 지닌 기술입니다. 여러분들의 몸속에도 바로 그 30억 년의 기술이 담겨 있다는 것을 생각해보세요. 누군가 옆에서 때리려고 하면 눈을 딱 감게 되지요. 자기방어 체계가 설정되어 있는 겁니다.

단순한 상품이 아닌, 감동을 주는 제품, 그리고 '작품'

생명화 시대로 넘어가고 있는 지금 시점에서는 산업기술이 생명기술로 그 프로세스가 넘어가고 있음을 알 수 있습니다. 이제 인풋을 광석이나 물질이 아니라, 언어나 육체와 같은 보이지 않는 것들로 넣어, 생체 기술을 통해 뽑아내는 방식으로 변화하고 있습니다. 이런 과정에서 나오는 결과물은 단순한 상품이 아니라, 감동을 주는 제품이나 소통을 가능하게 하는 제품들이며, 이것을 우리는 '작품'이라고 부릅니다.

다시 김연아와 아사다 마오 선수 이야기로 돌아가보겠습니다. 아사다 마오 선수가 단순히 기술적인 부분만 고려했을 때, 김연아 선수는 예술적 면을 함께 끌어올렸습니다. 바로

이 지점에서 심사위원의 평가가 갈리게 되는 것이지요. 아사다 마오 선수의 경기는 심사위원이 로봇이든 사람이든 트리플 액셀을 성공하면 똑같은 점수가 나올 겁니다. 그러나 김연아 선수는 기술적인 측면과 함께 예술적인 부분 역시 중요하게 생각했습니다. 그러니 심사 점수가 다를 수밖에요. 김연아 선수의 경우에는 신체를 이용한 접근 방식이고, 아사다 마오 선수는 반대로 육체를 어떻게 기계화할 것인가에 집중한 접근 방식입니다. 이처럼 우리가 현재 맞이하는 변화는 단순히 기술적인 발전에 그치지 않고 '생명자본주의'라는 새로운 개념을 포함하고 있습니다. 생명자본주의를 어렵게 생각할 필요는 없습니다. 기존의 금융자본주의, 노동자본주의, 토지자본주의, 지식자본주의에 생명 자체를 자본으로 삼아 생산하는 시스템이 결합하는 것입니다. 이런 시스템이 시장이나 소통의 장, 또는 다른 분야에서도 적용되는, 생명 자체가 자본으로 변환되는 새로운 시대를 이끌어가게 될 것입니다.

이어령, 스피치 스피치

초판 1쇄 인쇄 2025년 2월 18일
초판 1쇄 발행 2025년 2월 25일

지은이 이어령
펴낸이 정중모
펴낸곳 도서출판 열림원
출판등록 1980년 5월 19일 제406-2000-000204호
주소 경기도 파주시 회동길 152
전화 031-955-0700

팩스 031-955-0661
홈페이지 www.yolimwon.com
이메일 editor@yolimwon.com

페이스북 /yolimwon
트위터 @yolimwon
인스타그램 @yolimwon

주간 김종숙
책임편집 김혜원
편집 김은혜 정소영
디자인 강희철

기획실 정진우 정재우
마케팅 홍보 김선규 고다희
디지털콘텐츠 구지영
제작 관리 윤준수 고은정 홍수진

ⓒ 이어령, 2025

ISBN 979-11-7040-311-1 03100